你可以不怕死
No Death, No Fear

［法］一行禅师（Thich Nhat Hanh）著
胡因梦 译

深圳报业集团出版社
SHENZHEN PRESS GROUP PUBLISHING HOUSE

译者序　每一步都像是踏在佛的净土上

胡因梦

多年来我译介的灵修体系，大多偏重于"理入"的形式。无论是克里希那穆提（J.Krishnamurti）、肯·威尔伯（Ken Wilber）、佩玛·丘卓（Pema Chödrön）还是艾兹拉·贝达（Ezra Bayda），都是擅长于逻辑推演、有能力对身心动力过程作精密描绘的精神导师。长期浸润于他们的著作中，我已经习惯于复杂而绵密的分析思维，此回翻译一行禅师如散文诗一般的佛教哲学，内心早就准备好面临一场挑战，然而过程中所经历的能量消耗，却出乎意外的大。

翻译本书的考量之一是逻辑与意境不易兼顾。多用一两个连接词，或许能使上下文的思路更清晰一些，却往往丧失了原文的诗意；照顾到意境，又恐怕读者感觉语焉不详，真正是言简意赅的文字最难转译。

考量之二是，我想将本书译成佛教徒与非佛教徒都能接受的读物，因此某些传统佛教名相——譬如"八不"或"五蕴"——

必须采用较为现代化的意译形式，以呈现出一行禅师接引非佛教徒的跨宗教精神。

考量之三是，一行禅师的英文译者完全有能力传达出文字背后的慈悲氛围，但身为中译者的我，没有机会亲炙禅师，因此必须在思索过程中留意心的开放度，以平衡感性与理性的运作。

考量之四是，一行禅师所谓的深观，显然是他长期与大自然相处的亲身体证，或是一种多次元的内在领悟，但是化成语言传达时，如果译者本身的证量不到，深观就会变成浅尝。如何拉近禅师之体证与都市丛林中的译者之距离，也是不小的挑战！

深观、谛听、触摸大地、接纳自己的血亲与精神始祖、体悟众生相依共荣的亲密性，这些都是生生世世的福慧资粮累积到一定程度时，方能真实领会的滋味。读者在阅读本书时，务必放慢速度，最好以一行禅师所说的"每一步都像是踏在佛的净土上"一般的从容心境，细细品尝话语深处的奇迹。

译完这本书，我的内心开始生起了五十年来真正想"善待"自己的意愿，那股不顾一切行法布施的强迫性驱力，在一行禅师无奇而深邃的洞观之下，终于消弭殆尽。

目 录

译者序　每一步都像是踏在佛的净土上 1
序　穿越死亡的恐惧 1

第一章　我们来自何处？我们将去往何方？ 1

> 打从那一刻起，丧母的想法就不再生起了。我只需要看看自己的手掌，感觉一下拂面的轻风以及脚下的大地，便能忆起母亲是永远与我同在的，任何时刻我都能感觉到她。

第二章　真正的恐惧 17

> 深观之下，你看不见云的生日和死期。真相只不过是云化成了雨或雪。死亡这件事并不存在，因为事物永远在延续着。云承继了大海、河川以及太阳的高温，而雨又承继了云。

第三章　深观的修持 33

> 失去孩子的父母经常自怨自艾，但是仍不珍惜与孩子们相处的时光。你以为你的配偶会永远陪在身边，你怎么能如此确

定呢？我们真的不知道二十年、三十年后或者明天，父母亲会在哪里？

第四章　转化哀伤与恐惧 51

　　我们心爱的人还是存在着。他就在我们四周，在我们心中，对着我们微笑。落入幻象中的我们无法认出他来，所以我们才说："他不存在了。"

第五章　新的开始 79

　　他仍然以数千种的方式在示现他自己。如果你不够留意，你就会忽略他。清晨当你行禅时，你会发现他正以一朵小花、一滴水、一只鸟儿的歌唱或是一个在草丛中玩耍的孩子，示现他自己。

第六章　极乐世界的地址 91

　　你快乐的程度，往往取决于你的心自由到什么程度。这里所谓的自由，并不是政治上的自由，而是指从懊悔、恐惧、焦虑和哀伤之中解脱出来。"我已经抵达终点，回到家了。家就在此时此地。"

第七章　持续的示现 105

　　你能不能认清过往的每一刻你都在重生？你的祖先借由你而延续下来。一旦转化了他们传给你的习气，你就在过去中重生了。他们没时间停下来，深呼吸；你却可以停下来，深呼吸，为你的祖先享受一下生命提供给你的美好事物。

第八章　恐惧、接纳及宽恕：触摸大地的修持 *117*

　　我们都曾经是树、玫瑰或动物。深观之下你会在你的体内看见树、玫瑰、云和麻雀，你无法将它们排除于体外。雨是云的延续，河是雨的延续，你赖以维生的水则是河的延续。如果你把云的延续排除于体外，你就无法活下去了。

第九章　陪伴临终者 *151*

　　请不要等到临终时才去阅读和修持。请在当下就开始深观，这样我们才能和不生不灭、无来无去、不同不异的本质相应。能如此深观，便能止息心中的哀伤和痛苦。

序　穿越死亡的恐惧

普里坦·幸格（Pritam Singh）

有一天午餐时，父亲对我说："我最后一次看到我父亲，他在客厅的一个篮子里。"我们当时在佛罗里达州西屿（Key West）的一家墨西哥餐馆的户外区用餐。他的视线从眼前盘里的豆子和米饭转移到我脸上，然后继续说："我父亲是个工人。他是个面包师傅，平常在费契堡市（Fitchburg）里奥明斯特街的一栋公寓上班。"

"你的爸爸是怎么死的？"我问道。

"我一无所知。"他答道。

"别人是怎么说的？"

"没人提起过这件事，我也从来没问过。"他又回到了我熟悉的那种沉默状态。

我父亲向我从未谋面的祖父告别的那栋房子，便坐落于西费契堡的圣波恩街上，而圣心堂就在不远的两条街外。这座教堂是我们全家人的灵修中心，它是让我们从工厂的艰苦工作、夫妻间的争执、未付清的账单以及酒精上瘾中暂时脱逃出来的避难所。我就是在这座教堂里受洗的，我的灵性教育也是在这里养成的。每个星期一的下午，在公立学校上完一天的课之后，我总是心不甘情不愿地拖着沉重的步伐，沿着华特街走向这座建筑物，然后上两个小时的天主教问答课程。

我依然记得第一天我手上拿着新书坐在堂姐派蒂身边的情景。讲台前站着两位修女，她们要我们打开书本的第一页，然后要我们背下其中的三个问题和三个答案。"谁创造了我？""神创造了你。""神为什么要创造我？""为了爱他和服侍他。""死亡来临时会发生什么事？""你将和神永远住在天堂里。"对教会的神父而言，这些问答都是毋庸置疑的：灵魂是永恒的，我将获得永生。

有关死亡的观点难道只有两种选择吗

星期天，我打开《波士顿环球报》，其中的一篇文章突然触动了我。这篇文章描写的是一位罹患晚期癌症女性的故事。文章一开头是这么写的："一个年轻的生命被中断了……亚德丽安娜·珍肯思怀疑神或命运是否存在。"她说："我们死后只会尘归尘，土归土。"不过，她还是经常想象死亡是什么情形——痛苦不堪，向上飘浮，看着下方环绕在病床边的哀悼者，前方有一道光，最后化成了乌有——"就像关上灯一样。"对于那些把怀疑当成信仰的人而言，这样的看法早已成为主要的另类选择。死亡来临时我们将会立刻化为乌有，从此消失。

我参加的第一个葬礼是在1968年，过世的人是我的外祖父山姆·拉默。自从那次葬礼之后，我至少有两打以上的机会站在新挖好的坟边，充满困惑和迷惘，不知该如何看待死亡。我问自己，有关死亡的观点难道只有两种选择吗？除了对灵魂永生的信仰和虚无论之外，还有没有其他的观点呢？

我既怀疑灵魂永生的信仰，又对虚无的观念感到畏惧，因此我生命的底端始终存在着一种无边的宇宙杂音，一股阴霾的恐惧感。到底哪一端才是真理，是自我永远存在，还是一切将化为乌有？如果真有一个永生的灵魂，那么我会进入天堂，还是会坠入地狱？我会永远感到乏味厌烦，还是会处于至乐之中？我会孤独一人，还是与神同在？

你从未诞生过，也永远不会灭绝

佛陀在世的时候，许多学者和宗教学家屡次向他提及有关永恒与虚无的问题。当佛陀被问到是否有一个永生的灵魂时，他的回答是：永恒的自我是不存在的。当他被问及死亡来临时我们是否会化为乌有，他的回答则是：我们的生命是不灭的。这两种概念他都否决了。

我有一个好友，他是一位著名的海洋生物学者。如同许多人一样，他也认为我们死后便从此绝迹了。他的这份信念并不是来自于信仰的丧失或是对生命的绝望，主要是因为他对科学深信不疑。他信仰的对象是大自然和不断被揭示的宇宙之美，以及人类对宇宙的认识和理解的能力。

一行禅师也对人类的理解力有一份持续的信念。但是他的目标比累积科学知识还要究竟得多；他的目标是证悟实相，奠定以个人为本的探索智慧。在这本书中，一行禅师以他自己的体证提出了有别于灵魂永生和虚无论的另类哲学。他告诉我们："从无始以来你早就解脱了，生与死只是一扇我们必须穿越的门，也是我们旅程中的一道神圣的门槛。生与死就像捉迷藏的游戏一般。你从未诞生过，你永远也不会灭绝。"来与去的观念制造了我们最大的痛苦。一遍又一遍地，他邀约我们进行深观修持，这样我们才能发现在永恒和虚无的中道里所埋藏的自由和喜悦。身为一位诗人，他探索生命的悖论，轻柔地掀起幻象的面纱，让我们在自己的人生中首度有机会认清，我们对死亡的恐惧其实是源自于我们的误解和错误的认知。

他对于生死的洞观是细腻而优雅的。如同我们对待所有细致的东西一样，也应该以安详的深思来慢慢品尝这本书——从一行禅师充满人道精神和慈悲的心泉中，涌出的深富疗愈力的解药。

第一章

我们来自何处？我们将去往何方？

打从那一刻起，丧母的想法就不再生起了。我只需要看看自己的手掌，感觉一下拂面的轻风以及脚下的大地，便能忆起母亲是永远与我同在的，任何时刻我都能感觉到她。

在我法国的隐居处，有一丛山茶花，属于日本楒梓类植物。它开花的时节通常在春天，某一年的冬季气候特别和暖，所以花开得早。深夜里一股冷风来袭，还夹带着霜冻。第二天行禅时，我发现那丛山茶上的幼蕾都死了。看着这幅景象，我心里想着，"今年我们布置佛坛的花可能不够了。"

几星期之后，天气转暖了。我在花园里漫步，看见那丛山茶又生出了新一代的花蕾。我问它们："你们和那些在霜冻里死亡的花是相同的，还是不同的？"花儿们答道："我们既不相同，也不相左。条件如果足够，我们就展露出来；条件不足，我们就藏起来。事情就是这么简单。"

这便是佛陀的教法之一。当条件充足时，事物自然显现出来。条件如果不够，事物就会隐退。它们静待着适合它们显现的时刻。

在生我之前，母亲曾怀过另一个孩子，后来流产，所以那个人未曾降生。年少时我经常有一个疑问：那个想示现（Manifestation）[1] 于人间的，是哥哥还是我？母亲失去了一个儿子，这意味着他示现出来的条件不够充分，于是他决定隐退，静待更好的因缘。"我还是退回去吧，最亲爱的母亲，不久我就会回来的。"我们必须尊重他或她的意愿。能够以这样的见地来看待世界，你就不会那么痛苦了。母亲失去的真的是我哥哥吗？或许当初想出生的是我，不过后来我说"时候未到"，于是我又缩回去了。

害怕死亡时一切将化为乌有

我们最怕死亡来临时一切将化为乌有。许多人都相信我们的整个生命只有一世：诞生的那一刻是开始，死亡的那一刻便是结尾。我们认为自己是无中生有的，而死亡来临时我们也将化为乌有。因此我们对灭绝充满了畏怖。

佛陀对我们的存在却有着截然不同的体认。他认为生与死都只是一种概念，它们并不是真实的。就因为我们当真了，所以才制造出强而有力的幻觉，进而导致了我们的苦难。佛陀的真理是不生，不灭；无来，无去；无同，无异；无永恒不灭的自我，亦无自我的灭绝。灭绝只是我们的一种概念罢了。一旦体认到自己是无法被摧毁的，我们就从恐惧之中解脱了。那是一份巨大的解放感。我们终于能焕然一新地享受和欣赏人生了。

突然领悟到，丧母只是一种概念罢了

失去任何一个心爱的人，也是同样的情况。如果维持生命的条件不合，他们就会隐退。母亲过世的时候，我非常痛苦。一个七八岁的孩子是很难想象有一天会失去母亲的。成年之后我们都会面临丧母这件事，但是如果你懂得修行，别离的日子来临时，你就不会那么痛苦了。你很快会体认到，母亲是永远活在你体内的。

母亲过世的那一天，我在日记里写道："一件非常不幸的事已经来到我的生命里。"母亲过世之后，我痛苦了一年多，但是某一天的深夜我梦见了她。当时我睡在越南高地上的一间小茅屋里，那是我隐居的地方。梦里我看见自己和母亲坐在一块儿，我们谈得很开心。她看起来既年轻，又漂亮，长发是垂下来的。坐在她身边和她说话是多么快活的一件事，就像她从未亡故一般。醒来时约莫凌晨两点，我强烈地感觉到我从未失去过母亲。母亲仍然与我同在，这份感觉十分清晰。我突然领悟到，丧母只是我的一种概念罢了。那一刻我才明白，母亲是永远活在我体内的。

我推开门走到屋外，整片山坡都沐浴在月光里。这片山坡种满了茶树，我的小茅屋就在寺庙后方的半山腰。在一排排的茶树间漫步，我发现母亲仍然与我同在。她便是抚慰着我的那一抹月光，如同以往那般温柔和蔼……真是奇妙啊！每当我的脚接触大地时，我便深刻地感知母亲仍然与我同在。我发现这副身体不是我一个人的，它也是我母亲、我父亲、我的祖父母、我的曾祖父母以及列祖列宗的延续。我看见属于"我"的这双脚，其实是"我们"的脚。我和母亲在这片湿地上共同留下了足印。

打从那一刻起，丧母的想法就不再生起了。我只需要看看自己的手掌，感觉一下拂面的轻风以及脚下的大地，便能忆起母亲是永远与我同在的，任何时刻我都能感觉到她。

一旦失去心爱的人，你一定会痛苦，但如果懂得深观，你就会体认到，她或他的本性是不生不灭的。现象会生起，现象也会熄灭，为的是让另一个现象能够生起。你必须十分敏锐、十分警觉，才会发现一个人的新貌。只要精进地修持，你就能办得到。

因此，和某位懂得如此修持的人手携着手一同行禅。留意每一片叶子、每一朵小花、每一只鸟儿和露珠。若是能静止下来，深观万物，你会发现心爱的人不断地以各种形式变现出新貌，那时你就会再度感受到活着的喜悦了。

没有任何事物被创生，没有任何事物被毁灭

一位名叫拉瓦锡（Lavoisier）[2]的法国科学家曾经声明："没有任何事物被创造出来，没有任何事物被毁灭。"（Rien ne se crée, rien ne se perd.）虽然他并不是佛教修行人而是一位科学家，

他发现的真理与佛陀发现的真理却是相通的。

我们真正的本性是不生不灭的，只有洞察到我们真正的本性，才能转化对不存在和灭绝的恐惧。

佛陀说，当条件充足时，事物就会示现出来，于是我们就说它是存在的。依照佛陀的看法，判定某个东西存在不存在，其实是一种错误的想法。事实上，没有任何一个东西是完全存在或完全不存在的。

观察一下电视机和收音机，我们很容易就明白这个道理了。我们也许正在一个没有电视机或收音机的房间里，待在这个房间里，我们很可能会认为电视节目或广播节目都不存在。但是我们要知道，房间里其实充满着各种讯号，那些节目的讯号充满了整个大气。我们只要再多一个条件，譬如一台收音机或电视机，那么各式各样的影像、色彩及声响就会出现。如果没有一台可以收讯和显像的电视机或收音机，便说这些讯号不存在，这样的想法是错误的。它们看起来好像不存在，是因为让电视节目显现出来的条件不足，所以我们待在那个房间里的那段时间，才会说它们是不存在的。若是未觉知到某个事物，就说它不存在，这样的想法是不正确的。只有一件事会真的令我们产生困惑迷茫，那就是对存在与不存在下论断。对存在与不存在下论断，会使我们深信某个东西是存在的，或者某个东西不存在。对存在与不存在的论断，完全无法适用于实相。

上与下也只是一种概念罢了

上与下也只是一种概念罢了，认定它们是存在的，同样也是一种错误的想法。我们认定的下方，对另一处的人而言可能是上方。我们在这里坐禅，于是我们说头顶的上面是上方，相反的方向是下方。在世界另一端练习坐禅的人，可能不会同意我们所认定的上即是上，因为对他们而言那是下，而且我们并没有坐在他们的头顶。

上与下的概念一向指的是在某个东西的上面，或是在某个东西的下面，然而这种上与下的概念并不适用于整个宇宙。这些都只是帮助我们适应环境的概念罢了。这些概念是我们的参考点，但并不真实。实相是不受制于任何概念或观念的。

从概念之中解脱出来

佛陀说过一个和概念有关的寓言故事。一位年轻的商人从远方返家，发现自己的房子不但被土匪洗劫一空，而且被烧毁了。在房子的断垣残壁之外，有一小具尸体，他以为那就是他小儿子的残骸。他不知道自己的儿子仍然活着，他不知道烧了房子之后，那些土匪把他的儿子掳走了。在慌乱无比的情况之下，这位商人深信自己看见的那一小具尸体就是他儿子。他捶胸痛哭，不断地拔着自己的头发。不久他就开始进行火化的仪式。

这位商人是如此深爱他的小儿子,他的儿子便是他活在世上的理由。他实在太想念这个男孩了,甚至一刻都不能离开孩子的骨灰。他用丝绒做了一个布袋,将骨灰放在里面,日夜都抱着这个布袋,无论是工作还是休息,他绝不跟这袋骨灰分离一分一秒。某一天夜里,他的孩子从土匪那儿逃了出来。他来到了父亲新造好的房子面前。凌晨两点,他兴奋无比地敲着门。他的父亲仍然抱着那一袋骨灰,一边流泪,一边应门道:"是谁啊?""是我啊!你的儿子!"男孩在门外喊着。"你这个顽皮的小鬼,你才不是我的儿子呢,我的孩子三个月前已经死了。他的骨灰现在就在我怀里。"男孩拍打着房门,不停地哭喊着。他一遍又一遍地哀求父亲让他进门,父亲却不断地拒绝他。这位男士坚信他的儿子已经死了,而门外这个小孩只是一个前来折磨他的无情之人。男孩只好黯然地离去,父亲则从此失去了儿子。

佛陀说过,你若是受制于某种概念,并且信以为"真"的话,你就丧失了一个认识真理的机会。纵使真理化成人来敲你的门,你都会拒绝打开心扉。因此,如果你正受制于某个攸关真理的概念,如可以使自己快乐的一些条件,那么你就要留意了。正念(Mindfulness)[3]修持的第一步,就是要从概念之中解脱出来:

留意由狂热主义和偏狭观点所制造的苦难。我们要下定决心不去崇拜偶像或执著于教条、理论、意识形态,即便是佛法也一样。佛法是帮助我们来深观以及发展智慧和慈悲的指导工具，而不是用来战斗、杀戮或牺牲性命的教条。

佛法是一种能促使我们解脱武断倾向的修持。我们的世界因武断的态度而受尽了痛苦。第一种的正念修持可以帮助我们做个自由人，而最高的自由便是从自己的概念和观念之中解脱出来。如果受制于自己的概念和观念，我们不但会受苦，别人也会因此而痛苦。

我们不从任何一处来，也不会去往任何一方

对许多人而言，我们最大的痛苦都源自于来与去的观念。我们以为自己心爱的人是从某个地方来的，而现在已经离开，到另一个地方去了。然而我们真正的本质是无来无去的，我们不是从任何一处来的，也不会去往任何一方。当条件具足时，我们就示现出来；条件如果不够，我们就不再示现，但这并不意味着我们不存在了。如同一台没有声波的收音机，我们只是不再显相罢了。

不仅来与去的观念无法阐明实相，存在与不存在的概念也一样无法说明实相。我们在《心经》[4]里听闻到下面这些话语："舍利子，是诸法空相，不生不灭，不垢不净，不增不减……"

这里所提到的"空",具有很重要的意义。它最首要的意义,就是独立自我的"空":没有任何东西具有一个独立的自我,没有任何事物能独立存在。仔细检视一下我们会发现,所有的现象,包括我们自己在内,都是由因缘条件组合而成的。我们是由不同的部位组合成的。我们是由我们的父母、祖父母、身体、感受、认知、思维作意、大地、太阳以及无数非我的元素所构成的。这所有的元素都必须仰赖因缘条件。我们看见一切已存的、现存的、将要存在的事物,都是相互依存、共荣共生的。凡是能示现出来被我们看见的东西,都是另一个东西的局部,或是能够让它示现的其他条件的局部。诸法本是不生不灭的,但是它们永远在流转变迁着。

我们也许有足够的智力去理解这则真理,然而头脑的理解是不够的,真正对它有了体悟,才能从恐惧之中解放出来。那才是彻底的解脱,也就是活在与众生相依相生的境界里。我们必须如此这般地深观,并且在日常之中滋养我们对不生不灭的清明见地,这样我们就会发现自己那无惧的天赋才能了。

只是在嘴上说说"依他起性"[5]的理论,是没多大帮助的。我们应该问的是:"纸啊!你是从哪儿来的?你是谁?你来这儿要做什么?你要到什么地方去?"我们也可以问一问火焰:"火焰啊!你从哪里来,要到何处去?"仔细倾听它的答案你就会发现,火焰、纸张都在借着它们的形貌回答你的问题。我们只需要深观,就能听见它们的答案。火焰的回答很可能是:"我不是从任何一个地方来的。"

这也可能是那朵山茶花的答案。它们既不相同，也不相左。它们不从任何一处来，也不往任何一方去。若是失去了一个孩子，我们不该如此悲伤，因为那是没有足够的因缘条件让他降生。他会回来的。

哀伤，源自于无明

伟大的观世音[6]是佛陀的弟子。某一天，他摄心内证甚深时，突然发现事物并没有一个独立的自性。体悟了这一点，他就克服了所有的无明，这意味着他已经超越了一切苦厄。

深观之下，我们也能看见事物是不生，不灭；无来，无去；无存在，无不存在；无同，无异的。

如果不去学习这样的修持方法，真是太浪费生命了。有许多的修持方法都能减轻我们的哀伤和痛苦，不过解脱智慧的精髓就在洞悉不生不灭的实相。一旦有了这份洞识，我们就不再有任何恐惧了，那时我们才能享受由祖先留传下来的宝贵遗产。在日常生活里，我们要随时进行这奇妙的深观。

我们的身体是未来世世代代人类的源头

以一个禅者的双眼去看待你的友人，你将会在他或她的身上看见他们的历代祖先。你会敬重他们的身体，也会敬重自己的身体，因为你看见他们的身体和你自己的身体都是我们祖先的圣家。

同时你也发现，我们的身体正是未来世世代代人类的源头。我们不会再损伤自己的身体，因为那不是一种善待子孙的方式。我们不会再服用迷幻药，也不再吃喝有损健康或有害的东西。这份对身体的洞识，将会帮助我们活得健康，活得清明，懂得为自己负责。内与外的观念也是同样的情况。我们时常说佛在我们心中，父母在我们心中，或者父母在我们心外，佛在我们心外——这些内与外的观念都不恰当。我们一直是受制于观念的，尤其是来与去、存在与不存在。只有去除这所有的观念，涅槃的实相才会显露出来。当是与非的观念完全熄灭时，实相就会自然呈显出来。

直接体验，才是唯一的道路

我们可以拿橘子或榴莲来举一个简单的例子。如果一个人从未吃过橘子或榴莲，那么不论你怎么比喻或形容，都无法使他了解这些水果的真相。你只能做一件事：让他直接体验一下。你不能说："嗯，榴莲的味道有点像菠萝蜜，也有点像木瓜。"因为吃榴莲的经验是无法用任何语言描述的。榴莲超越了所有的概念和观念。橘子也是一样。如果你从未吃过橘子，那么别人无论多么爱你，或多么想帮助你了解橘子的味道，他们还是说不清楚。橘子的真相超越了所有的概念。涅槃也是一样，它是超越所有概念的一种实相。就因为我们对涅槃有了既定的概念，所以我们感到痛苦。直接体验才是唯一的道路。

译　注

[1] 示现：显示、显现之意。经典中论及"示现"，大都指诸佛、菩萨为教化众生，而变现种种身形。如佛陀之三十二相、八十种好，观音菩萨之三十三身等。但由《俱舍论》卷二（大二九·七上）"十八界中，色界有见，以可示现此彼差别"可知，万事万物都可以"示现"。

[2] 拉瓦锡（Antoine Laurent Lavoisier，1743—1794）：建立了以"氧"为中心的燃烧理论。与他人合作制定出化学物质命名原则，创立了化学物质分类的新体系。他根据化学实验的经验，用严密的科学方法证明了"质量守恒定律"。著作有《化学要论》、《化学物质的命名法》。

[3] 正念：佛教用语。（一）修行方法，八正道的第七支。谓将心念专注观身不净、观受是苦、观心无常、观法无我。（二）忆念空性。在此指第二种意思。

[4] 《心经》：佛教典籍《般若波罗蜜多心经》的简称。仅数百字，一般将之视为《般若经》纲要，是汉、藏佛教最流行的经典之一。

[5] 依他起性：唯识宗把宇宙万法分为三种性质，即遍计所执性、依他起性、圆成实性。万法皆无自性，不能单独生起，须靠众缘俱备，然后乃生，名依他起性。

[6] 观世音：佛教菩萨名。为阿弥陀佛的左胁侍，西方三圣之一。是慈悲的象征，当众生有苦难时，只要称念他的名号，即可解脱苦厄。他会就众生的因缘，化作种种不同的身份度化之，因此又有各种别称，如水月观音、鱼篮观音、马郎妇观音等，合计中日关于观世音的别称，共有三十三种，又

名三十三身。观世音菩萨的形象,南北朝多依经典作男子,唐以后常作女相,是佛教中最受崇拜的菩萨。观世音或译作"观自在",古译作光世音,略称为"观音"。

第一章 我们来自何处?我们将去往何方?

第二章
真正的恐惧

深观之下，你看不见云的生日和死期。真相只不过是云化成了雨或雪。死亡这件事并不存在，因为事物永远在延续着。云承继了大海、河川以及太阳的高温，而雨又承继了云。

我们怕死亡，我们怕别离，我们怕自己不存在。在西方世界里，人们非常害怕自己不存在。他们如果听见"空无"这个字眼，也非常害怕，虽然空无只不过意味着概念消失罢了。空无并不是存在的反面，它不是不存在或灭绝。"存在"这个概念必须舍弃，"不存在"这个概念也得舍弃。空无只是用来帮助我们的一种工具罢了。

实相跟存在与不存在没有任何关系。莎士比亚说："存在，或者不存在——这便是问题所在。"（To be, or not to be—that is the question.）[1] 而佛陀的回答却是："存在或不存在，根本不是问题所在。"存在与不存在只不过是两个相左的概念，它们既不是实相，也无法用来描述实相。

觉醒之后的洞识不但去除了"永恒"之见，同时也去除了"无常"之见。"空无"也是同样一回事。"空无"只是一种工具，如果受制于空无之见，你就迷失了。佛陀在《宝积经》[2] 里说过："你若受制于存在或不存在的见解，那么空无的观念或许能帮你解脱。倘若执著的是空无之见，你就没希望了。"有关空无的教法，只是帮助你体悟空性的一种工具，若是把工具当成了洞识，你就被概念紧紧束缚住了。

如果对"涅槃"也抱持某种见解，那么此种见解也要去除。"涅槃"就是把所有的观念都空掉，包括涅槃本身。若是执著于涅槃之见，你就尚未体悟涅槃。佛陀这份深刻的洞识和发现，使他超越了恐惧，超越了焦虑，以及生死轮回之苦。

烧掉所有的概念

你如果有一根火柴，便拥有了生火的条件。你的火柴燃烧的时间若是够长，那么连火柴本身也会被烧掉。火柴能生火，而火也会烧掉火柴；涅槃的教法也是同样一回事。它能帮助我们体悟无常，然而这份对无常的洞识，也会烧掉我们对无常所抱持的概念。

我们必须超越"恒常"之见，同时也得超越"无常"之见，然后才能跟涅槃相应。无我也是同样一回事。无我便是那根火柴，它能帮助我们生起无我的洞识之火；凭着对无我的了悟，便能烧掉无我这根火柴。

修行不是去累积一堆有关无我、无常、涅槃等等的概念，那是录音机的工作。谈论或散播佛教概念，并不是真的在研究或修持佛法。我们可以进大学攻读佛法，不过只能学到一些理论和概念。我们需要超越概念，产生真正的洞识，才能烧光所有的概念而达成证悟。

深入历史面，便同时通达了终极面

看看一个两角五分的银币。有头像的称为正面，另一面则称为反面；它们缺少了对方就无法存在了。这块金属币包括正反两面，少了这块金属币，两面都不可能存在。正面、反面以及金属本是相互依存的。我们可以将这块金属比喻成涅槃，而正反两面就像无我及无常的示现一般。通过钱币的正面及反面，你可以洞观和认识这块金属。同样地，深观无常和无我的本质，也可以觉察到涅槃的本质。

涅槃的终极面无法与世俗的历史面分隔。深入于历史面，便同时通达了终极面。终极面一直在你心中。对修行者而言，洞观他或她的无常及无我本质，是极为重要的事。如果修行有成，他就能通达涅槃，证人无惧。那时他就能面带微笑随顺生死的巨浪了。

实相可以示现于历史面，也可以展露于终极面

我们可以透过历史面来检视日常生活中的实相，我们也可以从终极面来检视相同的实相。实相可以示现于历史面，也可以展露于终极面。我们也是一样的。我们不但有日常生活和历

史面的考量，还有终极层面的关怀。我们不能只关心日常的事务——名闻利养、社会地位和未来的计划，同时也得关怀我们的真实本性是什么。深入地禅修就是开始去实践我们的终极关怀。

不须寻求终极涅槃，我们的本性即是涅槃

当你凝视着海面时，你看见了海浪的来去。你可以运用高低、大小、强弱、美或不美的辞藻，来形容一波波的海浪；你也可以运用始终、生灭的词汇来描述海浪。它们可以和历史面相比拟。在历史面中，我们关心的是生与死、更多的权力与权力缺乏、更美与不够美、开始与结束，等等。

深入地观察，我们却看见海浪即是海水。海浪或许也会追寻它的真实本性。海浪也会因恐惧和复杂情结而受苦。海浪也会说："我不像其他的浪那么大"，"我觉得很苦闷"，"我曾经诞生过，我将会死亡"。海浪也可能因为这些事和这些概念而受苦。但海浪若是能弯下腰来看一看自己，就会发现它真实的本性就是水，这时它的恐惧和复杂情结才会消失。水是不受制于浪潮而生灭的，水是不受制于高低、美或不美的；你只能从海浪的角度来谈论美或不美、高或低。但是从水的角度来看，这所有的概念都是无效的。

我们真正的本质是不生不灭的，我们无须到别处去寻觅自己的真实本性。我们不需要寻找神，我们不需要寻求终极涅槃。

我们的本性即是涅槃。我们就是神。

你就是你一直在寻找的那个东西，你早已是你想成为的那个东西了。你可以对海浪说："我亲爱的海浪，你的本性就是水，你不需要再去寻求水了。你的本性是无分别、无生灭、无存在无不存在的。"

像海浪一样修持，缓缓地深观自己，并认清自己的本性是不生不灭的。以这样的方式来修持，你就能通达自由和无惧。这样的修持方式可以帮助我们活得无惧，死而无憾。

如果你的心正怀着深沉的哀伤，如果你失去了心爱的人，如果你仍然害怕死亡、被遗忘或是灭亡，请接受这教诲，开始修持。若是依法修持，你就能以佛陀的双眼凝视云彩、玫瑰、小鹅卵石，或是你的孩子。你将洞悉不生不灭、无来无去的实相本质。这份洞识能帮你解除恐惧、焦虑和哀伤。那时你就拥有了使你坚强与稳定的一份祥和感，纵使不幸的事发生了，你也只是莞尔一笑。以这样的方式生活，你将为周遭的人带来许多助益。

未生之前，你在哪里

有时人们会问你："你的生日是哪一天？"或者你可以问自己一个更有趣的问题："被我称为生日的那一天之前，我在哪里？"

问一问云："你的生日是哪一天？未生之前，你在哪里？"

或者你可以问云："你几岁了？能不能告诉我你的生日是哪一天？"深深地谛听，你也许能听见它的回答。你可以想象一下云诞生的景象。未生之前，它是海里的水。或者它本来在河里，后来变成了水蒸气。它也可能是太阳，因为阳光制造了水蒸气。当时风也应该在场，是它帮助水转换成了云。云不是无中生有的，不断在变化的只是形式罢了。事物并不是无中生有的。

云迟早会变成雨或雪或是冰。如果你深入地观察雨，你会看见云。云并没有消失，它化成了雨，雨化成了草，草化成了牛，牛又化成了牛奶，然后又成了你嘴里的冰激凌。今天你如果吃冰激凌的话，给自己一点时间凝视眼前的那个甜筒，然后说："嘿！云儿！我认出你了。"这么做，会使你洞悉和了悟冰激凌及雪的真正本质。同样地，你也会在冰激凌中看见大海、河川、高温、太阳、草及牛。

深观之下，你根本看不见云的生日和死期。真相只不过是云化成了雨或雪。死亡这件事并不存在，因为事物永远在延续着。云承继了大海、河川以及太阳的高温，而雨又承继了云。

在未生之前，云早就存在了，所以，你今天如果喝牛奶、喝茶或是吃冰激凌，请随着你的呼吸，凝视一下眼前的那杯牛奶、茶或是冰激凌，然后跟云朵打声招呼。

佛陀不慌不忙地深观万物，我们也做得到。佛陀并不是神，他和我们一样是凡人。他痛苦，但是他懂得深观，所以他克服了自己的痛苦。他拥有了深刻的了悟、智慧及慈悲，所以我们才说他是我们的导师和兄长。

我们害怕死亡，是因为我们不了解事物是不灭的。人们说佛陀已死，然而这并不是真相。佛陀仍然活着。若是环顾一下四周，我们会看见各种形态的佛。因为你深观过万物，并且洞察到事物并没有真的诞生，也没有死亡，所以佛已经在你心中了。我们可以说你就是佛的新貌、佛的继承者。不要低估你自己。向四周多看几眼，你将会瞥见四处都是佛的化身。

我是不是昨日的我

我有一张十六岁时拍下的照片。那张照片里的人真的是我吗？我并不是很确定。那张照片里的男孩到底是谁？如果那个男孩就是我，为什么他长得不像我？那个男孩仍然活着，还是已经死了？他和现在的我不大相像，但也不相异。有些人看了那张照片之后，认为那个男孩已经不存在了。

人是由肉体、感受、认知、思维作意和分别意识组合成的，自从拍下那张照片之后，上述的一切早已改变了。照片中那个男孩的身体已经不再是我的身体，因为我已经是七十多岁的人了。感受不同，理解也不同了，就好像我已经和那个男孩不相干了。但照片里的男孩如果不曾存在，我也不可能存在。

我就是一种延续，如同雨承继了云一样。如果你深深凝视着那张照片，你会看见我当时已经是个老人了。你不需要等五十五年才看见。柠檬树开花的时节里，你也许看不见什么果实，但如果深观的话，你会看见果实早已存在了。只需要再多一个条件——"时间"，你就能看见柠檬了。柠檬早就在柠檬树上了。眼前的这棵树虽然只看得见树枝、树叶和花朵，但如果柠檬树有足够的时间，它将会以柠檬的形态展现自己。

四月的向日葵早已存在，只是尚未展露

如果你在四月份来到法国，你看不见任何的向日葵；但是七月份一到，梅村一带便开满了向日葵。四月的时候向日葵在哪里？如果在四月来到梅村，深观之下你还是看得见向日葵。农人已经犁好了田，播好了种，因此花儿们只要再多一个条件，就能展露自己了。它们正等待着五六月份的和暖气候。向日葵早已存在，只是尚未充分展露罢了。

深入地观察一盒火柴，你看得见里面的火焰吗？如果看得见，你已经证悟了。观察一盒火柴，你已经看得见火焰了。只要有人动一下手指，火就会显现出来。我们不妨对它说："亲爱的火焰，我知道你早就存在了。现在我要帮你展露自己。"

火焰一向存在于那盒火柴及空气里，但是没有氧气的话，火焰就不可能展露出来。如果你点燃一根蜡烛之后，立刻用东西蒙住它，它的火焰就会因缺氧而熄灭。火焰必须有氧气才能

存在。我们不能说火焰存在于火柴盒里，或者存在于火柴盒外。空间、时间或意识里，处处都有火焰的踪迹。火焰无所不在，它正等待着展露自己的机会，而我们就是帮助它示现的条件之一。虽然如此，我们只要向它吹一口气，便能制止它继续示现自己；我们向火焰吹出的那一口气，就是制止它以火焰的形态示现自己的一个条件。

我们可以用同一根火柴点燃两支蜡烛，然后再吹熄火柴上的火焰。你认为那根火柴上的火焰熄灭了吗？答案是：火焰的本质是不生不灭的。接下来的问题则是，那两支蜡烛上的火焰是相同的，还是不同的？答案是：它既不相同，也不相异。现在又产生了另一个问题：那根火柴上的火焰真的熄灭了吗？答案是：既熄灭，又未熄灭。它的本质也是不生不灭的。如果我们让那支蜡烛继续燃烧一小时，那火焰是原来的，还是变成了不同的火焰？答案是：烛心、烛蜡和氧气一直在变化着。燃烧中的烛心和烛蜡一直在起变化。如果这些东西都在改变，火焰也一定在改变。因此火焰已经不同了，可是又没什么不同。

存在并不是毁灭的反面

存在并不是灭亡的反面，但我们总认为存在就是不存在的反面。这类的概念和左右之类的观念同样不实在。我们有可能除去右边这一面吗？若是拿刀把一支笔切掉一半，剩下的那个部分仍然有右边这一面。政治上的左派与右派是永远存在的——它们不可能被去除。只要右翼存在，左翼一定存在。

因此，那些政治上的左翼分子应该希望右翼分子能永远存在，因为去除了右翼，便同时去除了左翼。佛陀说过："此有故彼有，此生故彼生。"佛陀的这则教法谈的便是宇宙创生，亦即所谓的"依他起性"。火焰会存在，是因为有火柴的存在；火柴如果不存在，火焰也不存在了。

答案就在你心中

火焰是从何处来的？它的起源是什么？我们应该深观一下这个问题。难道我们必须摆出莲花坐的姿势，才能找到答案吗？我确信答案早已在你心中了。只要再多一个条件，它就会呈现出来。佛陀说过，每个人都有佛性。佛性就是能够领悟我们真实本质的一种能力。答案其实早已在你心中。老师是无法给你任何解答的，老师只能帮助你联结内心的觉性、智慧和慈悲。佛陀导引你跟心中早已具足的智慧相应。

许多人都问过："死亡来临时你会到哪里去？死的时候会发生什么事？"我们有些朋友失去了心爱的人，他们可能会问："现在我心爱的人在哪里？她到哪里去了？"哲学家的问题则是："人是从何处来的？宇宙或世界到底来自何处？"

如实地深观我们将会看见，当所有的条件都具足时，事物就会显现出来。这显现出来的事物不是从任何一处来的，当它不再显现时，也不会去往任何一方。

"创生"还是"示现"

"创生"似乎意味着从无中突然生出了某样东西。我对"示现"一词的喜爱多于"创生"（Creation）。若是懂得深观，或许就能从"示现"的角度来理解"创生"。如果洞察到云是某个既存事物的示现，而雨则是云最终的示现，我们也许就能体悟人类和周遭所有的事物都源自于某处，却不会去往任何一方。示现并不是毁灭的反面，它只是一种形式上的改变。洞察到生命和宇宙都是一种示现，能够为我们带来一份深邃的祥和感。如果你正因为心爱之人的逝去而悲伤，这些话语可以导引你深观并治疗你的痛苦。

某位神学家曾经说过："造物主是存在的根源。"（God is the ground of being.）然而存在到底是什么？存在并非不存在的对立面。如果存在只是一种和不存在对立的概念，那就没有所谓的造物主了。造物主能超越所有的概念，其中也包括创造和毁灭的概念在内。如果你能洞察万物的变迁，并借由它来深观创造的概念，你将会深刻地体悟有关创生的说法。你会发现没有任何事物诞生，也没有任何事物死亡，万物只是不断地在流转变迁罢了。

寻找痛苦和哀伤的解脱

我们到教会、犹太教堂、清真寺或是禅修中心学习灵性的修持，为的就是找到解脱痛苦和哀伤的方法。但若想成就最彻底的解脱，就必须有能力洞观存在的终极实相。从犹太教和基督教的角度，你可以称那个次元为神。神就是我们真实的本性，不生不灭的本质。如果你懂得信赖神，信赖自己的真实本性，你就能抛开恐惧和哀伤。

一开始你可能会认为神是一个人，然而人是非人的反面。如果在概念和观念之下来思考神，你就不能发现神的真实面。神能超越我们所有的概念。神既不是人，也不是非人。海浪在无明时也会陷入生死、高低、美丑以及嫉妒他者的恐惧里。但海浪若是能洞悉它自己的本性，身为水的本性，进而了解自己便是水，那么它所有的恐惧和嫉妒就会消失。水是不会经历生死或高低潮起伏的。

"因"也是"果"

当我们观察像花、桌子或房子这类事物时，我们总以为花、桌子或房子必须由某人制造才能形成。我们总想找到桌子会产生的原因，房子会产生的理由。于是我们下了一个结论：房子的因就是营造者——泥水匠或木匠。那桌子的因又是什么呢？

是谁制造了这张桌子？木匠。花的创造者又是谁呢？是大地、农人或是园丁。我们对"因"这件事的思考是非常简单的。我们以为只有一个因，便足以促成事物的存在。但深观之下我们却会发现，一个简单的"因"是不足以造成"果"的。木匠不是桌子唯一的成因。如果木匠没有钉子、锯子、木材、时间、空间、食物，或是生养他的父母以及其他的因缘条件，他是不可能造出一张桌子的。桌子的因其实是无穷无尽的。

当我们观察一朵花的时候，也会发现同样的情况。园丁只是各种因中的一个；其他诸如土壤、阳光、云、肥料以及其他许许多多的事物，也都是必要的条件。如果深入地观察，你会看见整个宇宙都在促成这朵花的示现。深观午餐中的一片红萝卜，你会看见整个宇宙都在促成这片红萝卜的示现。

继续深观下去，我们将会发现"因"，也就是"果"。园丁既是帮助那朵花示现的原因之一，同时也是其他事物产生出来的结果。园丁能示现，是因为有许多其他的因：祖先、父母、老师、工作、社会、食物、医药和遮风蔽雨的房子。如同园丁一样，它们既是因，也是果。

深观之下我们会发现，每一个因同时也是果。没有什么东西足以被称为"纯粹的因"。这种深观的训练，可以帮助我们发现许多的事物，如果不执著于任何教条或理念，我们就能自在地探索了。

花必须仰赖"非花"的因素才能示现

有人问佛陀:"事物的起因是什么?"他的回答很简单,他说:"彼生故此生。"这句话意味着,事物必须仰赖其他的事物才能示现。花必须仰赖"非花"的元素才能示现。

深观一下眼前这朵花,你将会发现许多非花的因素。深观一朵花,你将会发现阳光这个因素。缺少了阳光,花是无法展现出来的。深观一朵花,你又会发现云这个因素。缺少了云,花仍然无法展现出来。其他的因素也很重要,譬如土壤、农人等等。各式各样的非花因素,都在共同促成这朵花的示现。

这就是我对"示现"一词的喜好甚于"创生"的原因。但这并不意味着我们不该采用"创生"一词。我们当然可以采用它,不过我们应该明了,"创生"并不意味着从无中生出了某个东西,也不代表某些东西被摧毁,并且会消失于无形。我非常喜欢"奇妙的变现"(Wonderful Becoming)这个词汇,它跟"创生"的真实含义比较贴近。

译 注

[1] 这是莎士比亚的剧本《哈姆雷特》中哈姆雷特王子的著名独白。

[2] 《宝积经》:《大宝积经》的简称。宝积,即法宝之集积,因为是大乘深妙之法,所以视之为"宝";有无量法门涵摄在此经卷中,故谓之"积"。唐《菩提流志》新译三十六会三十九卷,取旧来诸师所译二十三会八十一卷合之,以四十九会一百二十卷为全本。

第三章

深观的修持

失去孩子的父母经常自怨自艾,但是仍不珍惜与孩子们相处的时光。你以为你的配偶会永远陪在身边,你怎么能如此确定呢?我们真的不知道二十年、三十年后或者明天,父母亲会在哪里?

佛陀传授的所有实修方法中，都蕴藏着"三法印"[1]的教法。佛陀所说的三法印就是：诸行无常[2]，诸法无我[3]，涅槃寂静[4]。如同所有重要的法律文件都盖着见证者的印鉴，佛陀所有的实修方法也都带有三法印的特质。

深入地探索一下第一法印——诸行无常，我们发现它并不仅仅意味着诸事多变。深观事物的本性将会使我们认清，没有一件事能在两个刹那之间维持不变。每一个刹那事物都在变化，并没有固定不变的身份或恒常的自性[5]。因此在诸行无常的教法里，我们永远找不到一个永恒不变的自性。我们称之为"无我"。就因为事物永远在转变，而且没有不变的自性，所以我们才能得到解脱。

第三法印是涅槃寂静。它意味着充实与自由，从所有的概念和观念之中解放出来。"涅槃"正确的解释是"熄灭所有的概念"。深观诸行无常，将引领你发现诸法无我。发现了诸法无我，你就能证入涅槃。涅槃便是进入了神的国度。

洞悉诸行无常，可以帮助我们超越所有的概念

修持以及洞悉诸行无常，并不是另一种对实相的描述，而是帮助我们转化、治疗和解脱的一个工具。

无常暗示着诸事多变，下一刻，事物已经不再是原貌了。虽然事物每一刻都在起变化，你仍然无法确切地说出它们和上一刻是相同的，还是不同的。

今天我们如果去昨日的河里沐浴，它们还是不是同一条河呢？赫拉克利特（Heraclitus）[6]曾经说过，我们不可能两次踏进同一条河里。他是正确的。今日的河水与我们昨日沐浴过的河水，已经是截然不同了。不过河仍然是同一条河。当年孔子站在岸边观看河水流逝时，也曾经说过："逝者如斯夫，不舍昼夜。"

洞悉诸行无常，可以帮助我们超越所有的概念，超越异同与来去。它能帮助我们认清那河水虽非昔日的河水，却也不相异。它昭示我们，入睡前在床边点燃的那支蜡烛，已经不是晨间仍在燃烧的那支蜡烛了。桌上的烛火虽非不同的火焰，但也不尽相同了。

感谢"无常"，所有的事才可能发生

当事情生变时，我们会感到痛苦和哀伤，然而变易与无常

也有积极的一面。感谢诸行无常，所有的事才可能发生，生命本身才可能诞生。假如一粒玉米不是无常的，它永远也不会转变成玉米的根茎；假如根茎不是无常的，它永远也无法提供我们可以食用的玉米。假如你的女儿不是无常的，她永远也不会成为一个小妇人，这么一来你的孙子就不会诞生了。与其抱怨无常，我们不如说："欢迎无常！愿无常能长命百岁！"这样我们才会感到快乐。一旦认清了无常的神奇性，我们的哀伤和痛苦就会消失。

无常也应该从"依他起性"的角度来加以理解。所有的事物都是相互依存的，它们不断地彼此影响着。据说，地球的一端如果有只蝴蝶振动翅膀，另一端的气候就会受到影响。事物不可能永远维持原状，它们时时刻刻都受到其他事物的影响。

单凭智力是无法证悟实相的

每个人都能借着智力理解无常的道理，然而这并不是真正的了悟。单凭智力是无法解脱的，它不可能引导我们证悟实相。只有当我们变得稳定与专注时，才能深观。若是因深观而洞悉了无常的本质，就能专注于这份深刻的洞识；而这份对无常的洞识，则会逐渐成为我们存在的一部分。它会成为日常的生活经验。我们必须保住这份对无常的洞识，才能时时刻刻看见无常，享受无常。若是懂得善用无常作为禅修的对象，就能培养出对无常的体悟，然后它才能随时活在我们心中。如此修持下去，无常将会成为开启实相之门的那把钥匙。

然而我们不能只是暂时洞察到无常，随后又遮蔽住它，而将一切的事物看成是恒常不变的。大部分时候我们都以为，孩子们会永远留在我们身边；我们从不思考一下，也许三四年后他们就会离开我们，结婚生子成家立业去了。因此，我们总是不懂得珍惜孩子与我们相处的时光。

我认识许多的父母，他们的孩子一到十八九岁就会离开家庭，独自去生活。这些失去孩子的父母经常自怨自艾，他们仍然不珍惜与孩子们相处的时光。夫妻之间也是同样的情况。你以为你的配偶会永远陪在身边，你怎么能如此确定呢？我们真的不知道二十年、三十年后或者明天，父母亲会在哪里？每一天都要深观无常，这是非常重要的事。

透过无常之眼来洞察情绪

假如某人对你说了一些令你愤怒的话，而你恨不得他立刻就消失，这时请你以无常之眼深观一下。如果他真的离开了，你会有什么感觉？你会感到开心，还是会伤心地落泪？进行这样的深观，会带来很大的助益。有一偈可以用来帮助我们：

从终极层面看待愤怒，

我闭上双眼开始深观。

由此刻算起的三百年后，

你在何处，我又在何方？

当我们生气时，通常会做出什么举动？我们会大吼大叫，把自己的问题怪罪到别人身上。如果以无常之眼来看待愤怒，我们就会息怒而开始留意自己的呼吸。若是能从终极面来看待彼此的愤怒，我们就能闭目深观。试着去遥想一下三百年后的未来，那时你会是什么模样？我会是什么模样？你在哪里？我又在哪里？我们只需要深深地吸气和呼气，看看自己的未来和对方的未来。甚至不需要看到三百年后，也许五十年、六十年之后，我们已经不在人世了。

遥想未来，就会认清对方是值得珍惜的。任何时刻我们都可能失去对方，如果有了这份体认，我们就不会再生气了。我们会拥抱他，然后说："我真是高兴你还活在人世。我怎么能对你生气呢？有一天我们都会死的。只要我们还活着，而且还在一起的话，对彼此生气就是一件愚蠢的事。"

我们会愚蠢到令自己痛苦也令对方痛苦，是因为我们忘了自己和对方都是无常的。死亡来临的那一天，我们将会失去所有的财物、权力和家人。眼前我们所拥有的最贵重的东西，就是我们的自由、祥和及喜悦；但是缺少了对无常的体察，我们是不可能快乐的。

有些人在某人活着的时候连一眼都不想看他，但此人一过世，他们却奉上鲜花，写下了动人心弦的讣闻。那一刻斯人已逝，再也无法享受鲜花的芳香了。如果我们真的了悟并谨记人生无常的道理，我们一定会尽全力让那个人在此时此地便感到开心。我们会浪费二十四小时生爱人的气，是因为我们对无常一无所知。

"从终极层面看待无常，我闭上了双眼。"我闭上双眼是为了观想心爱的人在一百年后或三百年后的模样。如果你观想自己和心爱的人在三百年后的模样，你会非常高兴自己今天还活着，而你最爱的人今日还健在。当你睁开双眼时，怒气已经消失了。你会伸开双手拥抱对方，然后观照自己的呼吸——"吸气时，我感谢你还活着；呼气时，我觉得无比快乐。"闭上双眼观想自己和对方在三百年后的模样，你就是在冥思无常的真理。从终极层面来看，愤怒其实是不存在的。

嗔恨也是无常的。纵使此刻被嗔恨吞没，一旦了悟嗔恨也是无常的，我们就能做一些事来转化它了。一个真正的修行人必定有能力消解掉嫌恶和嗔恨。如同转化愤怒一般，我们也闭上双眼深观：一百年后我们会在哪里？从终极层面来体认嗔恨，它就会在瞬间立即消失。

以无常来滋养爱

因为愚昧，而且忘了无常的道理，所以我们无法正确地滋养心中的爱。刚结婚的时候，我们的爱非常强烈，我们认为如果失去了对方，自己可能连一天也活不下去。但因为不懂得深观无常，所以一两年后，我们的爱就变成了挫败与愤怒。现在我们竟然会怀疑，如果和自己曾深爱过的这个人继续相处下去，不知还能不能撑得过眼前这一天。我们觉得自己已经别无选择，于是我们决定要离婚。若是能体察到诸行无常，就会懂得培养和滋养我们的爱。只有如此，关系才能持久。你们必须滋养和照料心中的爱，它才会逐渐增长。

无我，并不意味着我不存在

"无常"乃是从时间的角度来看待实相，"无我"则是从空间的角度来看待实相。它们是实相的两个层面。无我是透过无常而显现出来的，无常则是透过无我而显现出来的。如果事物是无常的，它们一定没有独立的自性；如果事物没有独立的自性，它们必定是无常的。"无常"意味着每一个刹那事物都在转变。这就是实相。既然没有一件事是不变的，又怎么会有一个不变的"我"，或是独立的自性呢？当我们在用"我"这个字眼的时候，我们指的是一个天天都不会改变的东西，然而没有一件事是如此的。我们的身体是无常的，我们的情绪是无常的，我们的感觉是无常的，我们的愤怒、我们的哀伤、我们的爱、我们的恨以及我们的意识，都是无常的。

因此，真的有一个恒常不变、可以被我们称为"我"的东西吗？在白纸上写下的这些字，并没有一个独立的自性；它们会存在，是因为有云朵、森林、太阳、大地、造纸的人以及机器。如果这些东西存在，纸就会出现。如果这些东西不存在，纸就不会出现。假设我们把这张纸烧了，纸上的"我"又在哪里？

没有一样事物可以独立存在，任何事物的存在必须依赖其他的事物，这就叫做"依他起性"。存在也暗示着相依相生。纸、阳光和森林是相依相生的。花也不能独立存在，它必须跟土壤、雨、草及昆虫相互依存。独立的存在是不成立的，相依相生才是真理。

深观一朵花，我们看见花是由非花之因素组合成的。我们可以说花充满着各种东西，没有一样东西不存在于花中。我们可以从中看见阳光，看见雨水，看见云朵，看见大地以及时间和空间。整个宇宙都在共同促成这朵花的示现。这朵花充满着各种因素，但只有一个除外：独立的"自我"，独立存在的身份。

花不可能独自存在。花必须仰赖阳光、云和宇宙所有的事物，才能存活下来。从依他起性的角度来体悟存在这件事，我们和真相就贴近多了。依他起性既不是存在，也不是不存在。依他起性暗示着没有所谓独立存在的身份，也没有所谓独立存在的自我感。

"无我"也意味着"空"，这个佛学名相指的是独立自我的

"空"。我们的本性是"无我"的,但这并不意味着我们不存在,也不意味着没有一个东西是存在的。一个杯子可能是空的,也可能装满了水,但是为了空或满,杯子必须存在。因此"空"并不代表不存在,也不意味着存在。它能转化所有的概念。深观"无常"、"无我"和"依他起性"的本质,你就能洞悉宇宙的终极实相——涅槃寂静的本质。

我们是谁

我们以为身体是自己的,或者身体便是自己。我们以为自己的身体就是我或我的。深观之下你却发现,你的身体不但是祖先的、父母的,同时也是子子孙孙的;因此它既不是"我",也不是"我的"。你的身体充满了其他的东西——无穷的非身体因素——只有一个东西除外:独立存在的自我。

我们必须透过空、依他起性和无我的见地来认识无常。这些事都不是消极的。"空"真是奇妙极了。公元二世纪佛教著名的中观导师龙树(Nagarjuna)[7]曾说过:"因为空,一切事物才可能存在。"

在无常之中你会看见无我,在无我之中你也会看见无常。我们可以说,无常就是从时间的角度来看待无我,而无我则是从空间的角度来看待无常。若是无法在无我之中见到无常,那就不是真的无我了;若是无法在无常之中见到无我,那也不是真的无常了。然而事情还不止如此，你还必须在无常之中见到涅槃，也必须在无我之中见到涅槃。假设我画一道线，一边可能是无常和无我，另一边可能是涅槃。这道线或许能带来一些帮助，但也可能造成误导。涅槃意味着超越所有的概念，包括无我和无常在内。如果能在无我及无常之中见到涅槃，就表示我们并没有受制于无我或无常之类的概念。

复制人，也无永恒不变的自性

假设你从我的体内取出三个细胞，将它们复制成三个小孩，他们会继承我的血缘和我的遗传基因。

我们还有另一种遗传：从家族遗传而来的身体——它本来是自然界的一部分。此外，我们也从环境里得到一种遗传——养成教育。想象一下这三个复制人分别被放在三种不同的环境里。假设其中的一个被放在嗑药和赌博的环境里，那么他很可能会变成一个喜欢嗑药和赌博的人。他不可能像我一样成为佛教僧人。如果把另一个放在经商的环境里，送他到商校念书，他就可能成为一名商人。虽然他的眼睛、鼻子和耳朵都像我，他和我仍然是不同的人。

假设我们让第三个出家当和尚。我们把他放在鹿苑寺（Deer Park Monastery），让僧尼扶养他长大。他每天听到的都是经文，接受的都是行禅之类的修持，那么这个孩子长大之后一定会比较像我。

养成教育太重要了。或许我们之中有些人不愿意让我离去，他们可能会说："请留下你的一个细胞给我们去复制。"假设我答应了，或许还得附上一句话："请把这个复制的孩子放在加州的鹿苑寺，或者像佛蒙特州（Vermont）的枫林寺（Maple Forest Monastery）这样的地方，否则他一定会受苦的。"

无我和无常是了悟实相的一种说法，不是实相本身

无常和无我并不是由佛陀传下来的行持规范，它们是打开实相之门的钥匙。因为恒常之见是错的，所以佛陀才用无常的教诲帮助我们改变恒常之见。但如果受制于无常之见，我们就尚未证悟涅槃。"有我"的见解是错的，所以我们才用"无我"的见地来对治它；但如果受制于无我之见，这个见地对我们仍然是不利的。无常与无我本是修持之钥，它们不是绝对真理，我们不能为它们去杀人或献身。

佛法里没有任何足以让我们去杀人的观念或偏见。我们不能因为别人不接受我们的宗教就去杀人。佛陀的法只是一些善巧的方法，而不是绝对真理。因此我们必须认清，无常和无我只是帮助我们通往实相的权宜教示，而不是绝对真理。佛陀说过："我的法是指向月亮的那根手指，不要以为手指就是月亮。但也因为有了手指，你才看得见月亮。"

无我和无常是了悟实相的一种说法，它们不是实相本身，它们只是工具而不是绝对真理。无常不是一则使你觉得必须为它而死的教条。切莫因为别人的观念和你的观念相左而监禁他们，也不要用某种观念来对抗别的观念。这些方法只是引导我们通达终极实相的工具。佛法是一条能够为我们带来裨益的善巧道路，它不是狂热主义之道。佛教徒永远不可能为了自己的宗教而浴血苦战，杀人如麻。就因为无常之中包含了涅槃的本质，所以我们才不受制于这些观念。如果你正在研究和修持佛法，就必须从观念和概念之中解脱出来，这也包括无常之见与恒常之见在内。如此我们才能解脱痛苦和恐惧。这便是涅槃，也就是神的国度。

涅槃，就是熄灭所有的概念

我们因为有了生与死、增与减、存在与不存在的概念而感到恐惧。涅槃意味着熄灭所有的观念和概念。如果我们能解脱所有的概念，就能联结上我们真实本性里的那份祥和。

有八种基本的概念会助长我们的恐惧，分别是生与死、来与去、同与异、存在与不存在。这些概念令我们无法快乐。对治这些概念的传统法教称作"八不"，亦即不生、不灭、不常、不断、不一、不异、不来、不出。

对快乐抱持执著的想法，快乐的可能性就不大了

我们每个人都有一些如何使自己快乐的概念。如果能重新思考这些对快乐所抱持的概念，将会是非常有益的事。不妨列出一张清单，看看我们认为可以使自己快乐的条件有哪些："如果……我就会快乐了。"把你想要的以及不想要的事都写下来。看看这些概念是从哪里来的？它们是实相吗？或许这些都只是你的一些想法罢了？对快乐抱持执著的想法，快乐的可能性就不大了。

快乐来自于各方。若是认为它只能源自于一方，你就失去了其他的机会，因为你会一直希望它是从你想要的那个方向来的。你会说："不跟她结婚的话，我宁愿死掉；我宁死也不能丢掉我的工作、我的名誉；如果得不到那个学位、那幢房子、那个升迁的机会，我是不可能快乐的。"你已经在自己的快乐之上附加了许多条件。但纵使开出来的所有条件都达成了，你还是不快乐。你会继续为自己的快乐开出新的条件。你仍然想要更高的学位、更好的工作、更漂亮的房子。

政府官员也可能认为自己已经掌握了令国家兴盛、使人民快乐的执政方针。政府和国家很可能执著于自己的治国理念，甚至长达百年或更久的时间。在那段漫长的时间里，它的子民将饱受痛苦。任何一个持反对意见或敢于对抗政府理念的人，都会被监禁起来。他们甚至会被判定为精神失常的人。如果你

执著于一份治国理念，很可能会把整个国家都变成监牢。

请记住，你对快乐所抱持的概念，很可能是极度危险的。佛陀说过，快乐只能出现在此时此地，所以请深刻地回顾和检视一下你对快乐所抱持的概念。你可能会发现，目前你生活中的条件已经足以使你快乐了。如此深观，心中的快乐就会立即生起。

译　注

[1] 三法印：可作为佛教特征的三个法门。即诸行无常、诸法无我、涅槃寂静等三项根本佛法。此三项义理可用以印证各种说法是否正确，故称三法印。

[2] 诸行无常：又作一切行无常印、一切有为法无常印，略称无常印。一切世间有为诸法概皆无常，众生不能了知，反于"无常"中执"常"想，故佛说无常以破众生之常执。

[3] 诸法无我：又作一切法无我印，略称无我印。一切世间有为无为诸法概皆无我，众生不能了知，而于一切法强立主宰，故佛说无我以破众生之我执。

[4] 涅槃寂静：又作涅槃寂灭印、寂灭涅槃印，略称涅槃印。一切众生不知生死之苦，而起惑造业，流转三界，故佛说涅槃之法以出离生死之苦，得寂灭涅槃。

[5] 自性："自"指时间与空间，"性"指本质或本体，具有不变不改的意思。

[6] 赫拉克利特（Heraclitus，540—470B.C.）：古希腊哲学家。著有《论自然》一书，现存130多个残篇。他继承了米利都学派的传统，认为火是万物的本源。万物由火而产生，又复归于火，而这种活动是遵循一定规律的。他还提出万物皆流、无物常住的变动观，强调事物发展变化的绝对性和永恒性。他的思想在哲学史上产生了极其深远的影响。他还认为一切事物都是

由对立面（例如冷和热）所组成的，由于对立面不断地相互斗争，因此一切事物永远在变化之中，变化受宇宙理法（Logos，又称逻各斯，即秩序与理解的原理）所支配，是后世所有辩证法思想的源泉。

[7] 龙树：音译那伽阏剌树那、那伽阿周陀那。二至三世纪印度大乘佛教中观学派的创始人。又称龙猛、龙胜。为南印度婆罗门种姓出身，后来放弃婆罗门教信仰，广造大乘经典之注释书，树立大乘教学之体系，使大乘般若性空学说广为传布全印度。著作极丰，如《中论颂》、《空七十论》、《十住毗婆沙论》、《大乘二十颂论》等，有"千部论主"之美称。后世基于师所著中论而宣扬空观之思想，称为中观派，并尊师为中观派之祖。欧美国家公认他为人类有史以来最伟大的哲学家之一。

第四章
转化哀伤与恐惧

我们心爱的人还是存在着。他就在我们四周,在我们心中,对着我们微笑。落入幻象中的我们无法认出他来,所以我们才说:"他不存在了。"

我是一位来去自如的闲人，
不著于是非论断。
不著有无，使你安然自得。
是盈是缺，月仍旧是月，
而风依然飞舞着。
我敬爱的人，你感受得到吗？
召来远方的雨，润泽近处的云，
阳光从天而降洒落大地，
而大地以膝头轻抵着悠悠苍穹。

一个晴朗的日子里，你抬头仰望天际，看见一团蓬松的白云缓缓飘过。你欣赏着它曼妙的形状；阳光照在它上方，使它层次分明，而它又在绿野投下了暗影。你爱上了这朵云，你想留住它，要它继续为你带来快乐，可是它的形状和色彩却改变了。更多的云与它结合在一起，天色暗了下来，开始落雨了。你再也见不到那朵白云，因为它已经变成了雨。于是你开始哭泣，一心想唤回你心爱的那朵云。

如果你懂得深观，就不会哭泣了，因为在雨中你依然看得见那朵云。

佛法里有所谓"无相"的教法。"相"指的是事物的表象。修持无相观，为的就是不被事物的表象愚弄。一旦能体察到无相的真谛，我们就会认清表象绝非实相之全体。

当云转化成雨的时候，请深观一下雨水，你会看见那朵云仍然在那里对你微笑。这么做会令你心开意解，使你不再悲泣，因为你已经不再执著于那朵云的表象了。我们悲伤是因为驻留在云的形貌与表征上，受制于过往的表象而无法看见事物的新貌，所以无法看到云变化成了雨或雪。

假如你失去了某位亲人而悲痛不已，请接受佛陀的邀约。深观之下你会发现，心爱之人的本性乃是不生、不灭、无来、无去的。这便是佛陀传授给我们有关真实本性的佛法。

转化，而不是逝去

让我们深入地观察云的诞生。不妨想象一下那股热能，观想一下水蒸气，看看云是如何在天空中形成的。你会因此而知晓云是从哪儿来的。你会明了是什么条件促成了云在天际示现。我们的观察以及深观修持，可以帮助我们理解这些事。科学也可以告诉我们云的形成，以及云的历险是怎么一回事。

如果你爱那朵云，那么借由这份洞识，你将体认到云的无常。如果你执爱某人，也会因此而体察到他或她是无常的。假设你已经对一朵云产生了执著，你就得十分小心了。你应该清楚，根据无常的定律，那朵云很快会变成别的东西。它可能会变成雨。

这时你不妨对云说："亲爱的云，我知道你还在那里，我知道有一天你会死。我也会死。你会变成别的东西，或是另一个人。我知道你会继续你的旅程，不过我必须深观，才能认出你的新貌。这样我就不会那么痛苦了。"

假设你忘了无常的定律而执著于一朵云，那么云一旦变成雨，你就会开始悲泣："噢！天哪！我的云已经不见了。没有它，我怎么活下去呢？"

这时你如果懂得深观的修持，你会看见云已经换上了雾或是雨的新貌。雨正在微笑，欢唱着，从天而降，富含生机，充盈着美。但是你太健忘了，所以无法认出云的新貌。你深陷在哀伤里，你不断地哭泣，然而雨正召唤着你："亲爱的，亲爱的，我在这里，看看我吧！"可是你一直忽略了雨的存在。这雨不就是那朵云的延续吗？事实上，雨就是那朵云。

当你看着那朵云的时候，你或许很想和它一样飘浮在天际。能够像云一般飘浮在天际，不知有多么美妙！你一定会觉得逍遥自在。当你看见雨洒落了下来，欢唱着，创造出曼妙的音乐，你也会渴望自己就是雨。雨润泽了所有的植物以及无数的众生，

第四章　转化哀伤与恐惧

能够成为雨，该有多么美好！

你认为雨和云是相同的，还是相异的？山顶的积雪是那么洁白、那么无瑕、那么幽美，实在太迷人了，因此你或许也渴望自己能够像雪一样。有时你看着眼前的溪水，它是那么清澈美好，你也想和它一样永不停息地流着。云、雨、雪、水，它们是四种截然不同的东西，还是源自于同一个实相，同一种存在的基础？

无惧是幸福的基础

在化学里，我们称水的存在基础为 H_2O：两个氢原子加上一个氧原子。有了这个存在的基础，分子和其他的东西就可以示现了：譬如云、雨、雪、水。成为云真是好极了，但成为雨也很好，甚至成为雪或水都很好。云若是能记住这一点，那么当云快要变成雨的时候，它就不会惊恐了。它会记得作为云虽然是很美的事，但是变成从天而降的雨也是很美的事。

云如果不受制于生灭、存在或不存在的观念，恐惧就不会生起。若是从云的身上学会了这件事，我们就能培养出无惧的精神。无惧是幸福真正的基础。只要心中还有恐惧，快乐就无法全然。

修持深观，你会看见自己的本性是不生、不灭、无存在、无不存在、无来、无去、无同、无异的。一旦看见这个真相，你就能摆脱恐惧了。你会从渴欲和嫉妒之中解脱出来。无惧即是至乐，如果拥有了无惧的洞识，你就自由了。如同所有伟大的解脱者一样，你将会心安理得随顺生死的巨浪。

条件具足便示现，条件不足就隐匿起来

万物的真实本性是不生、不灭、无来、无去的。我真实的本性也是无来无去的。条件如果具足，我就示现出来；条件不足，我就隐匿起来。我哪儿也没去。我能去哪儿呢？我只是藏起来罢了。

如果你心爱的人刚刚过世，也许很难克服心中的失落感。你可能会不停地流泪，但还是请深入地观察。深观这一剂神奇的解药，或许能帮助你克服痛苦，使你认清心爱的人是不生、不灭、无来、无去的。

因为我们的误解，所以我们认为心爱的人"过世"之后就不存在了。我们执著于这个人的形体——诸多面貌中的一种示现，所以这个形体一消失，我们就会感到哀痛不已。

然而我们心爱的人还是存在着，他就在我们四周，在我们心中，对着我们微笑。落入幻象中的我们无法认出他来，所以我们才说："他不存在了。"我们一遍又一遍地问着："你在哪里？为什么留下我一人孤单地面对生活？"由于我们的误解，痛苦才会那么强烈。然而云并没有消逝，我们心爱的人并没有逝去。

云以不同的形式展现自己，我们心爱的人也换上了不同的形体。如果能体认到这一点，我们就不会那么痛苦了。

逝去的亲人已换上新的形体

若是失去了心爱的人，我们要记住那个人并没有消失。"有"不会变成"无"，而"无"也不会变成"有"。科学可以帮助我们理解这一点，因为物质是不灭的——它会转化成能量。能量又会转化成物质，而且是不灭的。同样地，我们心爱的人也是不灭的；他已经换成新的形体了。那个形体可能是云、小孩或是微风。我们可以在万物之中看见我们心爱的人。面带着微笑，我们对他说："亲爱的，我知道你就在我身边。我知道你的本性是不生不灭的。我知道我并没有失去你，你永远与我同在。"

在日常的每个刹那进行深观，你就会看见你心爱的人。如此修持下去，你一定有能力克服心中的哀伤。父母亲如果过世了，情况也是如此。他们真实的本性同样是不生、不灭、无来、无去的。事实上，你并没有失去任何一个已经辞世的亲人。

河流不再分别或执著于任何一朵云，它爱所有的云

我很喜欢说一个有关河追逐云的故事。有条小溪，它的源头是山间的泉水。它又小，又年轻，而且急着想进入大海。它

不懂得如何安住于当下。它的性子很急,因为它实在太年轻了。它无法体悟"我已经到家了,我早已成就了"。所以它从山间奔流而下,进入平原,变成了一条河。

变成河之后,它就必须缓缓地流动了。它感到心急如焚,因为生怕自己永远也无法进入到大海里。但是被迫放慢速度后,河水变得很静。河水开始像明镜一般映照出天空的云彩——有粉红色的、银色的以及白色的。云彩有各式各样的形状。河整天追逐着云,对云的美产生了执著。然而云是无常的,于是河开始感到痛苦。云不停地随风而动,河总是被抛在它们身后。河真是痛苦极了!它一遍又一遍地想抓住那些云,但是云不肯跟它在一起,也不肯静止下来,这令它十分哀伤。

有一天,来了一场暴风雨,把那些云全吹散了。悠悠苍穹转眼变成了蔚蓝的晴空。河真是沮丧极了,它再也没有云可以追逐了。天空变成了万里无云的晴空,那浩瀚无际的蓝,让河的心感到绝望。"失去了云,生命还有什么意义呢?失去了我心爱的人,未来还有什么希望呢?"河很想死,但是河又如何能自杀呢?它哭了一整夜。

那一夜,河有了一个谛听自己哭声的机会。它的哭声就是自己的浪拍打河岸的声音。河一旦返照内心、谛听自己的哭声,便生起了奇妙的洞识。它突然了悟自己的本性即是云的本性。它就是云,云深藏在它的生命里。如同河一样,云的基础也是水,云本来就是水和合而成的。于是河开始思考:我为什么要追云

第四章 转化哀伤与恐惧

呢？只有在我不是云的情况下，才有必要追着它跑。

河流体悟到自己就是云

那一夜的孤独与绝望唤醒了河，让它体悟到自己就是云。清晨的蔚蓝晴空曾经令河感到孤单无依，此刻却变成了新颖而奇妙的东西。从这一片蔚蓝中，它体认到悠悠苍天便是云的家，而云是无法存在于天际之外的。河体悟到，云的本性是无来无去的，因此它何须像云被抢走了一般悲泣呢？

那个清晨，河有了另一份洞识。它认识到天空的本质也是不生不灭的。这份洞识令河感到非常的安详与平静。它开始接纳苍天，映照苍天。在此之前，它从未反映过天空，它只会反映云彩。现在苍天日夜都伴随着这条河。在此之前，河从未认清过事物真实的本性，它只会追逐生灭无常。一旦映照到悠悠苍天，它就变得安详而平静了。它从未如此祥和过。

午后的云又出现在天际，但河已经不再执著于任何一缕云彩。它不再觉得其中的某一朵云属于自己，它对着每一朵飘过的云微笑，接纳并深爱所有的云。

河终于感受到平等心所带来的喜悦。它不再分别或执著于任何一朵云，它爱所有的云。它欣赏并映照着每一朵飘过天际的云。每飘过一朵云，河就说："再见，希望很快能看到你。"它的心一直很柔软，它知道那朵云将会以雪或雨的面貌重现。

河自由了，它甚至不觉得自己还有流进大海的必要。那天夜里，盈满的月冉冉升起，映照在河底。月亮、河以及水一同冥思。河享受着当下这一刻的自由，它已经解脱了所有的哀伤。

你就是你想变成的那个东西

若是追逐某个目标，企图抓住它，我们就会受苦；若是没有任何一个目标可以追逐，我们也会痛苦。如果你曾经是一条河，你追逐过云，你痛苦过，哭泣过，也孤独过，那么请握住某个友人的手，一同进行深观。你会发现，你一直在寻找的那个东西从未消失过；其实那个东西就是你，你自己。

你就是你想变成的那个东西，还追寻什么呢？你自己就是一种奇妙的示现，整个宇宙共同促成了你的生命。没有一件事不是你，神的国度、净土、涅槃、快乐和解脱，这些都是你。

过去和现在的我，是同一副身体吗

如果我们采用复制技术，人体的每个细胞都能复制成新的身体。这是否意味着一个灵魂可以复制成许多灵魂？一个人也可以复制成许多人？但是那些新人类和原来的人到底是相同的，还是不同的？

如果我们正在练习禅修，不妨借助正念的力量、专注的能量和洞察的证量来进行深观。这样我们才能把事情看得更深、更透彻。佛陀就是依照这个方式修持的，同时他还将他的洞识与我们分享。我们也要像佛陀一样修持，只要用心观照，我们同样能获得如佛陀一般的洞识。

首先我们应该深观的是"同"与"异"的概念。假设我们问佛陀："这副身体和复制的人是同一个人，还是不同的人？"佛陀可能会说："它们既不是同一个人，也不是不同的人。"

无常，意味着事物永远在变化。我们以为自己的身体是恒常不变的，事实上，我们的身体一直在生生灭灭。每一刻都有许多细胞死去，每一刻也都有许多细胞生出来。

我们有一种幻觉，总以为自己的身体永远都是那一副。你生下来的时候是个婴儿，你的母亲拍下了你小时候的照片，不过现在你已经是成年男子或女人了。你认为自己跟那个小婴儿是同一个人，还是截然不同的人？

你以为五岁时的身体和五十岁的身体是同一个，但是这个观念是错误的。如果你家里有照片簿的话，请打开来看一看，你会看见自己在六岁时的长相，以及你现在六十岁的长相，已经截然不同了。他们是不同的两个人了，但又没什么不同。如果那个六岁的孩子不曾存在，这个六十岁的老人也不可能活着。他们既不相同，也不相异。"无常"完全可以解开这个谜。

在一个出入息之间，我们已经是截然不同的人了。从我们开始读这本书的那一刻起，到眼前的这一刻，我们的体内和我们的意识内，已经产生了诸多变化。许多的细胞已经死了，新的细胞又诞生了。我们的意识也是同样的情况。念头来来去去，觉受生生灭灭。事物不断地示现，也不断地停止示现。我们不可能在两个刹那之间维持不变。河、火焰、云或向日葵也是如此。

当条件不足时，你会停止示现

深观一盒火柴，你可以看见火焰。火焰虽然尚未示现，但身为一名禅修者，你已经看得见火焰了。让火焰示现的条件早已具足——木材、硫黄、粗糙的面以及我的手，这些条件都具足了。因此当我划火柴而火柴被点燃时，我不会说火焰诞生了，我会说火焰已经示现了。

佛陀说过，当条件具足时，你就会示现。当条件不足时，你就会停止示现，为的是以其他的形式、在其他的条件下示现自己。

诞生，意味着从某物中示现出来

你认为"诞生"是什么？多数人会认为，"诞生"意味着某个从未存在过的东西，突然开始存在了。在我们的观念里，诞生意味着突然从无中生有：从"无人"（No One）突然变成了

"某人"（Someone）。大部分的人都会如此替"诞生"下定义。但深观之下我们却发现，这个定义并不合理。你不可能从"无"中生"有"，你也不可能从"无人"突然变成"某人"。

在所谓的生日之前，你已经存在于母亲体内了。因此孩子出生的那一刻只是一种延续罢了。你能不能找到自己从无中生有的那一刻？那是不是你在母亲子宫里受孕的一刻？但这个想法也不对，因为在那一刻之前，还有别的东西存在，也许有一半在你父亲体内，另一半在你母亲体内；或者三分之一在你父亲体内，三分之一在你母亲体内，还有三分之一在宇宙里。许许多多的"某物"早已存在了。假如某物早已存在，它就不需要生出来了。母亲临盆生产的那一刻，并不是孩子真正诞生的时间；那只是它从子宫进入世界的时辰。

在禅宗里我们很喜欢问一个问题："父母未生你之前，你是什么面目？"对自己提出这个问题，你就会开始认清自己的传承。你会发现，你一直都存在着。受孕的那一刻既是一种延续，也是另一种形式的变现。如果继续深观下去，你会看见只有不断的流转变迁，而没有生灭。

火焰是从哪儿来的

我可以对火焰说："亲爱的火焰，请你把自己展露出来吧。"我只消划一根火柴，火焰便应允了我的请求。不过我还想问它：

"你是从哪儿来的？"

火焰的回答可能是："亲爱的一行禅师，我不是从任何一处来的，也不往任何一方去。当条件具足时，我就展露出来。"此即无来无去的真实本性。

让我们深观一下烛火的本性。它和那根点燃它的火柴是相同的火吗？还是不同的火？如果我们让它烧上一个小时，这支蜡烛就会变得很短。烛火看起来和原来一样，只是我们的错觉罢了。其实每一个刹那，都有无数的火焰在生灭。我们有一种错觉，好像火焰一直是相同的那个，但事实并非如此。燃料不同，氧气也不同了。屋子一改变，各种条件都不一样了，所以火焰也不尽相同了。

使火焰改变并不需要太多时间。前一秒钟，滋养火焰的是蜡烛最上端的蜡油和氧气；后一秒钟，前面的蜡油和氧气已经烧完了，而新的蜡油和氧气，又开始燃烧。燃料不同，火焰当然也不同了。和我们一样，火焰不可能在两个刹那之间维持不变。

小小的烛火就能使你认清无同无异的存在本质。无常的本性正埋藏在我们那份错觉的底端。没有任何事物可以在两个刹那之间维持不变。人类、云、万事万物皆然。若说十分钟以前的火焰跟你现在看到的火焰是相同的，那你就错了；若说一根蜡烛上有上千个不同的火焰在不断地消长，这样的说法也不正确。火焰真实的本性是无同无异的。我们如果能穿透同与异的幻觉，便能将痛苦化成喜悦。

第四章 转化哀伤与恐惧

固定的身份感是一种幻觉

佛经里有个精彩的比喻。黑暗中有人拿起一束火把画圈圈，另一个人站在离他不远的地方，还以为前方有一个火圈。但火圈并不存在，存在的只是一个接连一个的火点。就像恒常不变和固定的身份感一样，这也是我们的一种幻觉。火圈只是一种概念，它不是真相，也不能用来描述真相。分析一下那个火圈，你会看见数百万个快速生灭的刹那，是它们制造了火圈的印象。

如果用摄影机拍下一个人在舞蹈的影片，我们其实已经拍下了许多个舞蹈的画面。我们拍下了许许多多的画面，连续地放映出来，因而造成了舞姿是连贯的印象。这部影片其实是由无数静止的画面，一个接一个地贯串起来的。

当我们看一个人的时候，我们以为眼前有一个不变的"我"或实体。我们以为早上看见的那个实体，到了晚上再见到他的时候，还是同样的一个实体。若是去别处旅行，十年后回来再见到他，我们还是会认为那是同一个实体。然而这只是个幻觉罢了。

佛经里有个十分有趣的故事。有位妇人留了一锅牛奶给她的邻居，说："请你替我保管这锅牛奶，我两三天后就回来了。"那时没有冰箱，牛奶不久便凝结成了乳酪。妇人回来之后质问道："我的牛奶呢？我留下的是牛奶，不是乳酪，所以这不是我的牛奶。"佛陀说此人根本不懂得无常的道理。牛奶只要几天没人管，就会变成乳酪或酸乳酪。那位妇人一心只想着三天前的牛奶，而拒绝接受眼前的乳酪。你认为牛奶和乳酪是相同的东西，还是不同的？答案是，它们既不相同，也不相异，牛奶只消几天的时间就会变成乳酪。有了对无常的洞识，我们才能认清宇宙万象的真相，无同且无异的真实本性。

我们以为事物是永远不变的，其实没有任何事物可以在两个刹那之间维持不变。固定的身份感也是一种幻觉，而且这个观念与实相无关。譬如河是一种示现，你甚至可以替它冠上名称，说它是密西西比河。虽然名称永远不变，河水却一直在变。你以为那条河永远在那里等着你，其实里面的水连一秒钟都无法维持原状。哲人说过，你永远无法两次踏入同一条河里，就是在阐明无常的道理。不只是佛陀说过这样的话，连孔子、赫拉克利特以及其他懂得深观实相本质的智者，也都说过同样的话。

你能不能看到火苗早已存在于火柴盒中

某个冬日，圣方济各（St.Francis）[1]在他的园子里散步，看见一棵光秃秃的杏仁树。他走向那棵杏仁树，一边觉知着自己的呼吸，一边请求那棵杏仁树告诉他有关主的事。突然之间，杏仁树上的花全都开了。我相信这个故事是真的，因为这样的默观方式，确实能让我们看见事物深层的真相。他不需要春季的暖意来提醒他杏花早已存在。

我请你以圣方济各和佛陀的双眼来深观一盒火柴。我们也拥有这样的洞识。你能不能看见火苗早已存在于火柴盒中？它虽未显露出来，但已经在那里了。深观之下你就会看见火苗。让火苗示现的条件早已具足，只差一个条件——你划火柴的动作。只要你能补足最后那个条件，火苗就会示现出来。

当你在划火柴的时候，请非常留心地做这个动作。你要观察其中所有的因缘条件，然后问一问火苗："亲爱的小火苗，你是从哪里来的？"当你熄掉它的时候，也要问它："你到哪儿去了？"我们以为前一刻才诞生的火苗，此刻已经熄灭了，但真的有一个与我们分隔开来的地方，可以让火苗去吗？我不认为如此。

佛陀说事物是无来无去的。哲人在这个问题上已经探讨过无数次，也费了无数的纸张、墨水和唇舌，企图找出解答。其实，如果以佛陀的双眼深观，你就会看见答案了。

你和父亲到底是同一个人，还是不同的人

实相也被称作"如如"。"如如"意味着"就是如此"。你无法以概念来描述它，特别是生与死、存在与不存在、来与去的概念。没有任何语言、理念或观念可以描述实相——花的实相、

你可以不怕死

房子的实相、众生的实相。

如果你正在生父亲的气，你可能会说："我不想再跟他有任何关系了！"多么惊人的一句话！你难道不明白你和父亲都属于同一个实相吗？你就是他的延续，你就是他。深观之下，你和父亲到底是同一个人，还是不同的人？我们的本性是无同无异的。你和父亲既不是同一个人，也不是不同的人。

当你在划一根火柴的时候，深观之下你会发现，它既不从任何一处来，也不往任何一方去。如果用火柴上的火苗点燃一支蜡烛，那么这支蜡烛上的火焰跟火柴上的火苗是相同的，还是不同的？如果你还有第二支蜡烛，也请你将它点燃。你可以问一问这三簇火焰到底是相同的，还是不同的。

深观其中一支蜡烛的火焰我们会看见，无同无异的概念不只能应用在两簇不同的烛火上，还可以应用在点燃它们的那个火苗上。这一刻的火焰和下一刻的火焰既不相同，也不相异，因为它的每一个刹那都是独特的。下一刻火焰示现出自己的方式已经截然不同了。

物或人的示现不能只靠一个条件，它必须仰赖许多的因缘条件。所以，单一之因即能造成果的观念是错的。一个单独的因绝不足以促成事物的显现。

当我们默观火焰时，我们并没有深入观察所有的因缘条件。我们只知道火焰是由木材等燃料所促成的。缺少了燃料，火焰确实不可能示现，但燃料只是其中的一种因素、一个条件。火焰要示现出来，必须具足所有的因缘条件。如果空气中没有氧，火焰是不会燃烧太久的。火焰必须仰赖木材、烛芯和氧气。火焰早就存在于火柴盒中了。它不需要被诞生出来，当条件具足时，它自然会显现。

我们现在也许只是个十二岁的男孩或女孩，所以我们还没有自己的子女。但是在我们的生命中，所有可以促成子孙示现的条件，都早已具足。剩下的只有静待时间和因缘了。

用手触摸一张纸，就等于在触摸森林里的大树

> 无来，无去，
> 无后，无前。
> 我紧紧地拥住你，
> 我释放你让你自由。
> 我中有你，
> 而你中有我。

无来无去乃是实相真正的本性。你不从任何一处来，也不往任何一方去。玫瑰、云朵、山、星辰、地球——万物皆然，它们的本性都是无来无去的。死亡并不意味着从"有"变成"无"，诞生并不意味着从"无人"变成了"某人"。事物的显现必须仰赖足够的条件；而事物停止显现，也必须仰赖条件的不足。

你手上这本书的这一页在一瞬间便形成了，但这并不意味着那一刻便是它的生辰。它早就以阳光、树干、云和大地的形式存在了。它从工厂印出来的那一刻，只是它示现的时辰罢了。

因此我们应该问它："亲爱的纸，未生之前你存不存在？"这张纸的回答可能是："没错！我是存在的，我是以树的形式、阳光的形式、云和雨的形式、矿物和大地的形式存在的。我变成一张纸的那一刻只是一种延续罢了。我不是无中生有的。我来自于宇宙。我曾经是一棵树、一片云，我也曾经是阳光和土壤等等的东西。"

深观这张纸，你仍然看得见树、云以及阳光的踪迹。你无须真的回到过去。这便是成为禅者的好处：你不需要去实地游历。你只要坐在那里深观一切，便能洞悉所有的事物。这张纸已经包含了宇宙所有的信息——有云、阳光、树和大地的信息。当你触摸这张纸的时候，你同时也触及了阳光、云、雨、大地和整个宇宙。一物即全体。

用手触摸这张纸，你可以感觉到里面的云，缺少了由云变成的雨，这张纸是无法存在的。所以用手触摸一张纸，就等于在触摸森林里的大树。我们的手可以在纸张上摸到太阳以及地球上所有的矿物。若是以醒觉之心深观这张纸，我们就能看见存在的整体。

深观这张纸，我们会看见整个森林。缺少了森林，树就不存在了。缺少了树，我们就造不出纸了。这张纸并不是无中生有的，它源自于树这类东西。但树还不足以造出这张纸。阳光滋润了树，雨灌溉了树，土壤、矿物和其他无数的事物，都在促成这张纸的示现。此外我们还需要一个伐木工人，为伐木工人做三明治的厨子，以及雇用伐木工人的公司老板，这些人都存在于这张纸之内，他们和这张纸是一体的。

你也许会认为，我怎么可能从这张纸中认出森林来？森林是在这张纸之外的。但如果你把森林或云从这张纸里除去，这张纸就会四分五裂。假设没有云，也没有从云变成的雨，树怎么可能长大，我们又如何能制造纸浆来造出一张纸呢？

这张纸没有生日，你也没有生日。你在未生之前早已存在了。下次你庆祝生日时，也许可以把生日歌改成"祝你续日快乐"！如果生日真的是一个续日，那么你所谓的死亡之日也是一个续日。你若是精进地修持，死亡来临的那一刻，你就会唱出"续日快乐歌"。

你在这里拍手，可能会影响到另一个遥远的星球

你不妨试着让一张纸消失，看看有没有可能？点一根火柴把这张纸烧掉，看看它会不会消失，还是会变成别的东西。这不只是一个理论，这是我们可以证实的一件事。当你在划火柴的时候，请同时吸气和吐气，然后亲眼目睹那张纸的转变。你可以一边点火，一边留意那火焰并非被诞生出来，只要条件具足，

它自然会示现给我们看。你可以一边烧着那张纸，一边看着它冒出来的烟。它的热度足以烧伤你的手指。请问现在纸到哪儿去了？

若是烧掉一张纸，那纸的形貌就不见了。但是以正念随观它的话，你会看见那张纸正在以其他的形式延续下去。其中的一个形式便是烟。从这张纸里生起的烟，将会加入天空里早已存在的那一两朵云。现在它已经加入了云的行列，所以我们可以和它告别了："纸儿再见了，希望很快能看到你。"明天，下个月，雨也许就会落下来，而其中的一滴很可能会打在你的额头上。那一滴雨便是你的那张纸。

纸的另一个形貌可能是灰烬。不妨将这灰烬送还到土壤里。当它返回土壤时，大地就变成了这张纸的延续。或许隔年你会看到，纸又以小花或小草的形式延续了下来。这便是那张纸的来生。

在燃烧的过程中，那张纸同时也变成了热能。纵使当时你并不是很靠近火焰，那股热能还是渗入了我们的体内。现在你的体内已经带着那张纸的元素了。那股热能同时也渗透了整个宇宙。假如你是一名科学家，拥有非常精良的仪器，你甚至可以从遥远的星球和星际，测试到这股热能的各种效应。这些效应都是那张纸的延续。我们不知道这张纸还会进一步转变成什么东西。

科学家说，如果你在这里拍手，很可能会影响到另一个遥远的星球。我们这里发生的事可能会影响到遥远的银河，而遥远的银河也可能会影响到我们。每一样事物都受到其他事物的影响。

你从未诞生过，你已经存在很久很久了

禅修，意味着接受邀约踏上深观之旅，为的是觉察我们真实的本性，并且认清我们什么都没失去。有了这份认识，我们就能克服恐惧。无惧是禅修带给我们最大的一份礼物。有了它，我们才能超越哀伤和痛苦。只有"无"才可能来自于"无"。"有"是不可能来自于"无"的，而"无"也不可能来自于"有"。如果某个东西早已存在，它就不需要被生出来了。诞生的那一刻只是一种延续罢了。你所谓"生日"的那一天，每个人都认为你是一个刚生下来的婴儿，然而，在"生日"那天之前你早就存在了。

我们观念里的"死亡"，意味着你突然从"有"变成了"无"；你突然从"某人"变成了"无人"——这是一个很恐怖的观念，而且是毫无道理的。如果某个东西从未诞生，它是否会在某个时刻死亡呢？你能够将那张纸从"有"变成"无"，或者让它消失吗？

我可以证明那张纸从未诞生过,因为"诞生"意味着从"无"中突然生出了"有"，从"无人"突然变成了"某人"。这个概

念与实相不符。你真正的本性是无生的，那张纸的本性也是无生的。你从未诞生过，你已经存在很久很久了。

其实你一直都在那里

小时候你也许很喜欢看万花筒，你的手指每动一下，它就会呈现出奇妙的色彩和图形；再动一下，你看到的图形又变了。它真是美极了，但很快就不一样了。你可以说万花筒里的图形一直在生灭，但身为小孩的你，不会为了那一类的生灭而哀悼。你会继续为眼前所看到的各种色彩和形状而雀跃。

如果能回归到不生不灭的存在基础，我们就不再恐惧了。这才是快乐真正的根基。只要心中仍有恐惧，快乐便无法全然。观世音菩萨曾献给我们一本《心经》，从经典中我们体认到实相即是"如如"。它不受制于生灭、来去、存在与不存在、增减或垢净。我们的心中充满了这些概念。因为受制于这些概念，我们才感到痛苦。我们真正的解脱就是从这些概念之中解放出来。你到禅修中心来，也是为了要减轻痛苦。你希望得到一些纾解，然而最大的纾解只有在察觉自己的真实本性时才能达成，而这份本性是不生不灭的。这便是佛陀送给我们的最深的一则教法。

没有"诞生",只有"示现"

看一看花园里正在生长的向日葵。向日葵必须仰赖许多因素才能示现出来。这朵花里藏有云,因为没有云,就不会有雨,没有雨,向日葵就长不出来。阳光也藏在向日葵里。我们都知道,缺少了阳光,什么东西都生长不出来,向日葵也就不存在了。我们还在这朵花里看见了大地,看见了矿物,看见了农夫,看见了园丁,也看见了时间、空间和理想,以及成长的意愿和其他的因素。因此,向日葵必须仰赖许多的因缘条件才能示现出来,只有一个条件是不够的。

如果你在七月份来到梅村,你会看见四周的山丘上长满了向日葵。成百上千的向日葵都面朝东方,露出灿烂的笑容。如果你在四五月份来到这里,山丘还是光秃秃的,但是农人走过他们的田野时,已经看得见向日葵了。他们知道向日葵的种子早已播下,几乎每个条件都具足了。只有一个条件还不具足:六七月份的和暖气候。不能因为某个东西示现出来,你就说它是存在的;不能因为它尚未示现或停止示现了,你就说它不存在。存在与不存在不适用于实相。深观之下你会发现,实相是不受制于生灭、存在或不存在的。

保罗·提利西(Paul Tillich)[2]说过:"造物主是存在的基础。"(God is the ground of being.)这里的"存在"不该与"不存在"的反义词混为一谈。我请你深观"存在"这个概念,目的就是为了帮助你从存在的概念中解脱出来。

译 注

[1] 圣方济各（St. Francis of Assisi，1181？—1226）：意大利天主教方济各托钵修会创始人。1210年创立放弃世俗财产的引修制度，后成为方济各会的清寒生活方式。此修会神恩特重于福音圣训、贫穷生活和推动天、地、人的交融，并在十字军时期主动拥抱回教领袖，著有《太阳歌》等传世之作。又与圣女佳兰创修女会，被罗马教会奉为生态学主保。据说，1224年他身上显现出"耶稣五伤"，1228年被谥为圣徒。圣方济各把野兽和禽鸟均视为兄弟姐妹，所以绘画中常有鸟兽与他为伍。

[2] 保罗·提利西（1886—1965）：德国现代基督教神学家，以"相互关系"（Correlation）的神学研究方法著称，并据此筑构其系统神学。他的神学介于自由主义和新正统派、理想主义与现实主义、誓反教（基督新教）和罗马天主教之间。对他而言，神学作为真理，在于基督信息之描述，和每一新世代的诠释，并以神的话（道或圣言）来回答哲学问题。主要著作为《系统神学》（*Systematic Theology*）。

第五章

新的开始

他仍然以数千种的方式在示现他自己。如果你不够留意,你就会忽略他。清晨当你行禅时,你会发现他正以一朵小花、一滴水、一只鸟儿的歌唱或是一个在草丛中玩耍的孩子,示现他自己。

耶稣未降生之前在哪里？多年来我一直在问我的基督徒朋友这个问题。若想深观这个问题，就必须从"示现"的角度来探索耶稣的生与死。耶稣基督未降生之前并不是不存在的。耶稣不是在伯利恒降生的。"耶稣降生"这个事件只是一种"示现"；在他诞生的那一刻之前，他早已存在了。我们不该称之为"降生"，因为那只是一种示现罢了。抱持着对"示现"的认识来看待这件事，我们才有机会深观耶稣这个人。我们才能发现令他不朽的真相是什么，同时我们也会发现自己那不生不灭的真实本性。

基督徒说，上帝差遣它的独生爱子来到人间。既然上帝早就存在了，而耶稣又是上帝的一部分——上帝的爱子，所以耶稣也早就存在了。圣诞节，耶稣基督诞生的那一天，并不是他降生的日子，而是他示现的日子。这一天只是他显现于人间的时辰罢了。

耶稣基督仍然以数千种的方式在示现他自己。他正应化在你的周遭，不过我们必须十分警觉，才能认出他的样子。如果你不够留意或专注,你就会忽略他,忽略他的应化身。清晨当你行禅时,你会发现他正以一朵小花、一滴水、一首鸟儿的歌唱或是一个在草丛中玩耍的孩子,示现他自己。我们必须十分留意,才不会忽略这些事物。

根据佛陀的教法,我们都共享不生不灭的本性。不只是人类,还有动物、植物及矿物,也都共享着不生不灭的本性。一片叶子和一朵花的基础都是不生不灭的。一花、一叶或是一片云,都有示现的机会。冬季里我们看不见任何向日葵或蜻蜓,也听不到布谷鸟的歌声。看上去它们好像都不存在似的,可是我们知道这个想法是错的。因为春天一到,这所有的生命都会再度出现。冬季里,它们只是跑到别处去了。它们以别种方式在展现自己,直到因缘具足时,才又"示现"出来。说它们在冬季里是不存在的,乃是一种错误的观念。

"死亡"并不意味着"消失"

我们必须提出另外一个问题。如果耶稣没有降生,他又怎么会死亡?虽然他被钉上了十字架,可是他真的消失了吗?耶稣需要复活吗?

被钉上十字架时,他也许并没有死亡?那会不会是一种隐匿呢?他真正的本性是不生不灭的。不只耶稣拥有这份本性,云也有,向日葵也有,你和我都有这份本性。我们都是不生不灭的。就因为耶稣不受生灭的限制，我们才称他为永存的基督。

　　从示现的角度深观万物，才是真正的智慧。如果某个和你非常亲近的人过世了，而你说他或她已经不存在于人间，那你就错了。从"无"中不可能生出"有"，从"无人"不可能生出"某人"，从"有"也不可能变成"无"。你不可能从某人变成无人，这便是真理。如果一个和你很接近的人不再以你所熟悉的形态示现，那并不意味他不存在，也不意味着他不在那里了。如果你能深观的话，你会察觉他或她已经以其他的形式在示现自己。

　　有一天我握住一位年轻父亲的手，他刚刚埋葬了他的儿子。我邀他和我一同行禅，一起深观他的小儿子已经在借由其他形式示现自己了。

　　他的儿子很小就来过梅村，所以早已体会了吃素的乐趣。他把他的零用钱都交给我，要我为他买一棵梅树，并且要亲自为他种植。他想参与援助饥饿儿童的工作，方法就是在梅村种下一棵梅树。他知道一棵梅树会生出许多梅子，我们可以把这些梅子卖掉，然后把钱寄给第三世界的饥饿儿童。他学会了行禅和坐禅，而且在佛法的修持上有很大的进展。他生病时，我去波尔多（Bordeaux）的医院看望他。他对我说："和尚爷爷，让我行禅给你看。"他从床上下来，虽然身体非常虚弱，还是走得很美。我离开后不久，他就过世了。火化的那一天，我为他洒净[1]，也为他诵了《心经》。一周之后我握着他父亲的手一同行禅，我为他指出，他的孩子已经示现出许多不同的新貌了。

第五章　新的开始

我们一起去看我为孩子种下的那棵梅树。在午后的阳光下，我们一同静坐，我看见他的小儿子正透过每一个花蕾和枝丫，向我们招着手。

深观实相，你会发现许多事情。你可以克服各种痛苦，逆转诸多错误的见解。如果能安住于终极次元，我们就不会深陷在痛苦、哀伤、恐惧和绝望里。

随时随地让自己重生

从终极实相的角度而言，我们从未诞生过，我们永远也不会死亡。从历史的角度来看，我们却是健忘的，而且很难活得朝气蓬勃。我们活得如同死人一般。

在加缪（Albert Camus）[2]的《异乡人》（*L'etranger*）这本书中，主角因为绝望、愤怒而举枪杀死了某个人。他因自己的罪行被判处死刑。有一天他躺在牢房的床上，仰望着头顶上方四方形的天窗。他从未以这种方式看过天空。加缪称这一刻为意识的觉醒，亦即产生正念和觉察的那个当下。对这名被宣判死刑的男子而言，这是他此生第一次真的觉知到天空，而且体认到它是那么的奇妙。

从那一刻起，他一直渴望自己能保持这份清醒的觉知，他深信这是唯一能令他活下去的力量。距离行刑的日子只剩下三天了，他独自一人在牢里练习如何保持觉知，不丧失正念。

他发誓在剩下的三天里，每一分钟都要充分活在正念里。最后一天来了一位神父，为他行告别仪式，这位死刑犯不想浪费他的时间接受这项圣礼。起初他一直拒绝，最后他终于打开门让神父进来。神父离开后，这名犯人对自己说：那个神父活得就像死人一样。他在这位神父身上看不见一点正念和觉察力。

如果缺乏觉知，生命就如同死亡一般。这种存在的方式不能称作"活着"。有许多人的生活就像行尸走肉一样，因为我们太不清醒了。我们拖着一副死气沉沉的身体，心却不停地打转。我们不是瞻前，便是思后，再不然就是被自己的计划或是绝望、愤怒所缚。我们不是真的在生活，我们没有觉察到活着是一种奇迹。虽然加缪从未学过佛，他的小说却谈到了佛教修持的精髓——当下的觉醒、深刻的觉察与觉知。

我们可以随时复活或重生。我们的修持就是不断地使自己复活，借由呼吸和行禅的正念修持，不断地回到身心之上。这么做，将会使我们的生命安住于此时此地。这样我们就能重新活过来，如同死里复生一般。我们解脱了过去，我们解脱了未来，我们终于能安住于此时此地，而且是充满朝气的。这便是佛教的基本修持方式。不论是吃、喝、呼吸、行走或坐着，你都可以让自己复活，让自己安住于此时此地——完全醒觉，充满着朝气。这才是复活的真谛。

第五章 新的开始

我们只能活在当下这一刻

> 我已经抵达终点，回到家了。
> 此时，此地，
> 我已经圆满，解脱。
> 在终极实相里，我安住了下来。

如果我们花许多的时间担忧昨日发生过的事，以及明天将会发生的事，我们是不可能享受人生的。我们为明天担忧，因为我们恐惧。如果我们一直在恐惧，就无法珍惜自己的生命，感受到当下的喜悦。

在日常生活的过程里，我们总以为未来才会快乐。我们永远都在追寻更好的东西，更能令我们快乐的条件。我们逃避眼前正在发生的事，而总想找到令我们更稳定、更安全的事物。我们对未来可能发生的事一直感到担忧。我们害怕自己会失业，失去财物，失去心爱的人，所以一直在等待那个美妙时刻的来临——未来的某一刻，到了那个时刻，所有的事才能称我们的心，如我们的愿。

但是我们只能活在当下。佛陀说过："当下是我们唯一拥有的一刻。在当下这一刻快乐地生活，是可以办到的事。"

一旦返回到此时此地，你就会发现，使你快乐的条件早已具足了。正念修持便是要回到此时此地，深入地觉知自己，觉察人生。要做到这一点，我们必须训练自己。即使我们的智力很高，道理能够一听就懂，还是得训练自己，才能以这种方式过生活。我们必须训练自己才会发现，快乐的条件我们早已具足了。

真正的家就在此时此地

我们真正的家就在此时此地。过去已经消逝，未来尚未出现。"我已经抵达终点，回到家了。家就在此时此地。"这便是我们修持的成就。你可以在行禅和坐禅时默念这首偈子，进办公室也可以默念它。此刻你也许还未抵达办公室，但即使在开车的途中，你已经到家了：在当下这一刻。抵达办公室的那一刻，便是你真正的家。进入自己的办公室，你的心也是安住在此时此地的。只消在心中默念："我已经抵达终点，回到家了。"就能令你感觉到无比喜悦。不论是坐着、行走、在园子里浇菜、喂孩子吃饭，我们都可以在心中默念："我已经抵达终点，回到家了。"我不再东奔西跑，我跑了一辈子了；现在我决定停下来，开始过真正的生活。

你还在等待什么？

有一首法文歌，歌名叫《你还在等待什么才能感到快乐》

(*Qu'est-ce qu'on Attend Pour Etre Heureux*)。每吸一口气，我就对自己说："我已经抵达终点了。"我完全安住于当下，百分之百地觉醒。当下这一刻便是我真正的家。

呼气时我也对自己说："我已经到家了。"若是不觉得自己已经到家了，就会继续东奔西跑，继续恐惧下去。可是如果觉得自己已经到家了，就不再需要东奔西跑。这个修持方法的奥秘就在这一点上。能活在当下这一刻，生活里才会出现真正的快乐。

对地球感恩

多年来我一直喜欢说一个故事。有两名太空人上了月球，抵达月球时他们出了一点意外，他们发现携带的氧气只够用两天的时间。这时已经不可能从地球派人来救援他们，他们只有两天可活了。在这段时间你如果问他们："你们最大的愿望是什么？"他们一定会说："回家，在美丽的地球上漫步。"能实现这个愿望，对他们而言已经足够了；他们不再想要别的东西，他们不会再想成为大公司的主管、名人，或是美国总统。除了回到地球之外，他们什么也不想要了，他们只想在地球上漫步，享受自己的每一个步伐，倾听万籁之声，握着爱人的手一同默观月球。

每天的心情都应该像被救回来的太空人一样。我们此刻是活在地球上，我们应该觉得在这个美丽而珍贵的星球上漫步，才是真正享福的事。临济禅师[3]曾经说过："在水上行走并不是奇迹，在路上行走才是一件奇妙的事。"我十分珍惜这句开示。我很享受走路这件事，即使在机场和火车站这么繁忙的地方也一样。我们走路的时候，每一步都要像在抚慰大地一般，我们要鼓励别人也尝试看看。这样一来，我们就能享受我们的每一分钟了。

译 注

[1] 洒净：开坛讲法前以净水洒于道场内外、上下。以此净水功力，所到之处皆成结界，其用意为洒于一切众生之心地，使净菩提心之种子得以生长。

[2] 加缪（1913—1960）：法国存在主义作家，生于阿尔及利亚。第二次世界大战期间积极参与法国抵抗运动。后与沙特（Satre）共同主编左翼报纸《战斗报》。以虚无主义小说《异乡人》（1942）驰名于世，另一部名著为《瘟疫》（1947）。1957年获诺贝尔文学奖。最后死于车祸。

[3] 临济禅师(?—867)：即临济义玄，临济宗之祖。唐代人。宣宗时住于临济院，设三玄三要、四料简等机法接引徒众，更以机锋峭峻著称于世，别成一家，遂成临济宗。师接化学人，每以叱喝显大机用，世有"黄檗棒、临济喝"之谓。其对参禅行者极为严苛，然学徒奔凑，门风兴隆，为我国禅宗最盛行之一派。

第六章
极乐世界的地址

　　你快乐的程度，往往取决于你的心自由到什么程度。这里所谓的自由，并不是政治上的自由，而是指从懊悔、恐惧、焦虑和哀伤之中解脱出来。"我已经抵达终点，回到家了。家就在此时此地。"

如果你想知道上帝、佛陀和所有伟大的人都住在哪里,我可以告诉你答案。他们的住址如下:此时此地。这里有你需要的一切东西,包括邮递区号在内。

你如果能随观自己的呼吸,行禅时心里默念:"我已经抵达终点,回到家了。家就在此时此地。"你会发现自己立刻变得稳定而自在起来。你终于能安住在当下这一刻,你真正的家。没有任何事能令你再东奔西跑,或是让你感到恐惧了。你不再担忧过去,你不再设想未来会发生自己无法掌控的事。你已经释放了那份为过去的事而挂心的内疚感,同时也解脱了对未来的忧虑。

只有少数人能真正活得快乐。你快乐的程度,往往取决于你的心自由到什么程度。这里所谓的自由,并不是政治上的自由,而是指从懊悔、恐惧、焦虑和哀伤之中解脱出来。"我已经抵达终点,回到家了。家就在此时此地。"

"我圆满了,我自由了。"一旦返回到此时此地,心中就会生起这种感觉。你不是在试图说服自己——你真的会认识它,你会感受到它。能够做到这一点，心就安了。你会经验到涅槃、神的国度，或是任何一种你喜欢的称谓。就算你心中没有太多的担忧，若是无法感受到安全与自由，如何能真的快乐呢？在当下这一刻培养安全感和自由，是我们能送给自己最珍贵的一份礼物。

安住在终极实相里

"在终极实相里我安住了下来。"终极实相本是我们存在的基础。终极实相、主或圣境，并不是和我们隔绝开来的东西，我们随时都在它里面，它并不是远在天边的某个地方。我们必须活在真正的内心之家，才能安住于终极实相，生活在终极实相里。

就像是海浪与海水的关系一样。我们如果观察海浪，可能会觉得海浪似乎有始有终，浪潮似乎有高有低。某一波浪潮看起来很像另一波浪潮，但也可能很不像，不过海浪毕竟都是由水和合而成的，水就是海浪的基础。海浪既是浪，也是水。海浪或许有始有终，有大有小，但水却是无始、无终、无上、无下、无此、无彼的。海浪一旦领悟和体认到这一点，它就从始末、上下、大小、彼此之中解脱出来了。

从历史次元来看，我们有时间和空间以及一组一组的对立物：对与错、幼与长、来与去、净与垢，我们都期待开端而害怕结尾。但在终极次元里并没有这些东西,那里没有始末,也没有前后。终极实相是让历史面实现的基础,它是事物的源起,存在的不灭源头;它就是涅槃,就是神的国度。

我们的根基是涅槃,是终极实相。你也可以称之为神或神的国度。它就是我们的水。你既是浪,也是水;你有历史面,也有终极面。一旦能体悟我们真实的本性是无来无去的,恐惧就会离我们远去,悲伤和苦难也会自然而然消除。

海浪不需要借由死亡而成为水,它此时此刻已经是水了。我们也不需要借由死亡而进入神的国度,因为神的国度就是我们此时此刻的基础。我们这一生的修持就是要见到和察觉日常生活里的终极次元,不生不灭的实相。只有这样的修持,才能完全去除我们的恐惧和痛苦。与"我安住在终极实相里"相比,你也许更喜欢说"我住在神的国度里",或者是"我住在佛的净土上"。

净土不在彼岸,它就在此时此地

假设有人开喷气机送你去神的国度或是佛的净土。当你抵达那里的时候,你会用什么方式行走?在那么一个美妙的地方,你还会慌慌张张地走路,满怀焦虑地奔跑吗?你也许会开始懂得享受在那里的每一刻。在神的国度或佛的净土里,人们是悠闲自在而懂得享受每一刻的,因此他们走路的方式不会像我们一样。净土不在彼岸，它就在此时此地。它就在我们体内的每个细胞里。如果逃离了当下这一刻，我们就摧毁了神的国度。

但如果懂得解脱自己那奔命的习惯，我们就能拥有内心的祥和与自由，如同佛在极乐世界漫步一般。

我们的心怀着什么东西，就会住于什么次元。如果你怀着一堆哀伤、恐惧和绝望，那么不论去到哪里，你看见的永远是苦难的世界和地狱。如果怀着慈悲、同理和解脱之心，那么无论你去到哪里，看见的都是终极实相和神的国度。

真实的修行人不论走到哪里，都清楚地知道自己脚下所踩的正是神的国度。我没有一天不在神的国度里漫步，因为我走到哪里都在修习慈悲和解脱之心。我的脚始终是踩在神的国土和终极净土之上。如果你能培养这样的触感，那么一天二十四小时，我们都会感受到祥和及自由。

"我已经抵达终点，我已经到家了。"海浪的家即是海水，家就在此时此地，它不需要跑到数千里外才能返抵它真正的家。这项修持是如此的简单而有力。请你记住这首短偈，每天都按照它来修持。如此你就能见到终极实相，而且永远记得自己，永远记得返回自己真正的家。

转化不停奔忙的习性

我们不但在白天奔命，连夜晚入睡时也不停地忙碌。我们不知道该如何停下来。修持首先就是要停下来，学会放松、安静和专注。如果做得到，我们就能安住在此时此地，然后心就稳定了；心稳定下来之后，才看得见四周的情况。我们可以深观当下这一刻，深观自己的真实本性，觉察心中的终极次元。深观之下我们会发现，我们不只是海浪，同时也是海水。可是心如果不静止下来，不学会专注，就不可能深观。我们无法解脱恐惧，是因为心尚未强壮或稳定到足以体认无来无去的终极实相。

我们已经发展成的习性是很难对治的。安比卡（Ambedkar）博士是印度议会里的一员，他来自所谓的"贱民"（Untouchables）阶级。他一直在为"贱民"的权益奔走。他非常强烈地感觉到，只有佛法才能带给这些人尊严和安全感，因为佛陀完全不相信种姓制度。某一天在孟买，有五十万的"贱民"聚集在一起，安比卡博士为他们讲述了佛陀的三皈依[1]和五戒（Five Mindfulness Trainings）[2]的修持。我也前往印度，提供我的支援与协助给这个"不可接触的贱民"社群。我们举行了好几天的佛法研讨及正念修习。想象一下你从小就生长在"贱民"阶层，你周围的每个人都以恶劣的方式对待你，使你的生活充斥着恐惧。想象一下你必须取悦那些更高阶层的人们才能自保。这样的日子要怎么过下去？你能够放松，安住于当下吗？还是你会不断地担忧未来？那股容易担忧的习气一定会非常深重。

为我安排行程的友人也来自于"贱民"阶级，他和妻子以及三个孩子住在新德里。他很想让我的旅程愉快而顺利。某一天早晨，我们搭乘公车前往另一个社区。我欣赏着窗外的印度景致，心情十分愉悦。我转头看了一下我的朋友，他看起来非常紧张。于是我对他说："我的好友，我知道你很想让我的旅程愉快舒适，但是你知道吗，我现在已经很愉快了！请不要担忧。轻松一点！"他回答道："好的！"然后看似放松了一点，于是我再度望着窗外，观照着我的呼吸，欣赏着晨曦中的棕榈树。

我联想起古时候的佛经就是记载在这些棕榈叶上的。棕榈叶长得又细又长，人们利用它的叶尖在叶片上刻下佛陀的法教。它们可以保存一千年以上的时间。我记得有人曾经在尼泊尔发现了一千五百年前写在这些叶片上的佛教经句。接着我的心又回到了我朋友身上，这其中大约相隔了两分钟。我转头看他的时候，他又变得僵硬和紧张起来。对他而言，就是放松个几分钟，也是很难的事。

身为"不可接触的贱民"，他已经挣扎一辈子了。虽然他在新德里有一幢不错的公寓和一份好差事，但是他那不断挣扎的习气仍然深重。世世代代以来，"贱民"必须夜以继日地奋斗才能存活下去，他的这种习气是代代相传下来的。任何人在这种情况下都很难立刻转变。他需要一些时间和一些训练，如果道友们能协助他，也许几个月或几年之后，他就会转化掉那份挣扎和紧张的习性了。每个人都能办得到。你也可以让自己放松下来，变得自由自在。

如果你想转化奔忙和挣扎的习性，就必须在它冒出来的那一刻立即发觉。吸气、吐气而且带着微笑对自己说："噢！我亲爱的小习性，我知道你又冒出来了！"那一刻你就解脱了。你可以如此提醒自己、教育自己。

你不能二十四小时都靠道友来提醒你。我曾经提醒过我的朋友一次，但是效果只维持了两分钟。他必须学会靠自己的力量转化习气。每个人也都得靠自己修行，你必须成为自己的道友，并且要住在一个对你有利的环境里。

我们那股奔命的习气是非常深重的，它也许是世世代代传递下来的。但是你不能再把这个习气传给下一代了。你应该有能力告诉你的孩子：你已经踏在神的国土上。你也可以像我告诉我的友人那样对你的孩子说："我没有一天不在神的国度里漫步。"如果你能做到这一点，你的人生就会成为众人的启示。你和你的孩子将永远漫步在净土上。

卸下我们的包袱

如果我们想永远在净土上漫步，就得舍弃那些障蔽"当下"的东西。这么做会帮助我们释放那些容易制造担忧的事物，而回归于零。我们一想到归零，就会联想到虚无；我们把它看成负向的东西，然而归零也可以是很积极的。有债要还可能是负向的事，不过一旦把债还清了，你的资产负债表就会归零。那将会是一件很美妙的事，因为你终于自由了。

佛陀在世的时候，有一位随他出家的僧人名叫跋提（Baddhiya），未出家之前，他曾经是释迦国的一个省长。佛陀证悟之后回到出生地探望家人，许多年轻人看见佛陀所展现出的自在与至乐，也都很想出家修行。他们都渴望得到解脱。

跋提就是其中的一分子。过僧伽生活的头三个月，他非常精进地修持，而且已经能深观许多事物了。某一天的夜晚在森林里静坐时，他突然开口大叫："噢！我的快乐，噢！我的快乐。"

身为省长时，跋提一向睡的是华屋，外面总有卫兵守护着他。他用的是最昂贵的东西，吃的是山珍海味，永远有许多仆人在一旁侍奉他。现在他却坐在一棵树下，什么财物都没了，只剩下手中的钵和一件僧袍。

坐在跋提身边的一位和尚听到他的呐喊，还以为跋提是因为失去了省长的身份而感到懊恼。第二天一大早，这位和尚就跑到佛陀面前，把这件事告诉佛陀。于是佛陀在整个僧团面前询问跋提："跋提，昨夜你在静坐时，是不是真的说出'噢！我的快乐，噢！我的快乐'这些话？"跋提答道："是的，世尊，这正是当时的情况。"

佛陀问他："你为什么呐喊，你心里有懊恼吗？"

跋提答道："我在坐禅时，突然想起我当省长时有那么多的仆人侍奉，而且一向有卫兵们的保护，不过我却经常因为恐惧而失眠。我很怕有人会偷走我的财物，或者被暗杀。现在坐在树下禅定，我觉得实在太自由了。我根本没有东西可以失去了。我深深地享受着每一刻，从来没有像现在这么快乐过。所以我才会说：'噢！我的快乐，噢！我的快乐。'世尊，如果我干扰到弟兄们，请容我向他们道歉。"这时僧团里的人才了解，跋提的呐喊原来是出自于真心的快乐。

请拿起一支笔和一张纸，走到树下或是你的写字桌旁，将所有令你快乐的事都列举出来：天上的云，园里的花，玩耍的孩子们，有修持正念的机会，爱人正坐在另一间屋子里，双眼的视力都很好……这张清单可以一直列举下去。你已经拥有足够的条件使你当下就快乐起来，你已经足以超脱来去、高低和生灭了。每天都要善用生活中美好的事物来滋养自己，在当下这一刻就开始滋养自己。学会在神的国度里漫步。

你还在追逐什么

我们如果不能为自己和心爱的人安住于当下，请问我们还能跑到哪里去？我们不断地跑，跑，跑，即使入睡之后也是如此。我们不断地跑，是因为害怕失去一切的恐惧正在后头追逐着我们。这时重生（Resurrection）的修持就能帮得上忙了。

如果能回到当下的正念和觉察，如果正念的力量能够在你心中出现，圣灵也会跟着出现。圣灵创造了万物，安住在圣灵之中就是我们的修持。每一刻都活在圣灵里并不是一种抽象的观念，你在喝果汁或喝茶时都可以处在这种状态。不妨以圣灵就在心中的方式来喝东西。如果你正在吃麦片、米饭或豆腐，你就以圣灵在心中的方式来吃它们。走路也要像圣灵就在心中一般。

请不要为了形式而修持。每一次的行禅都是崭新的，踏出的每一步都要像在滋养自己一般。每一餐饭都要用圣灵的能量、正念的力量来滋养自己。每一次坐禅都要有焕然一新的感觉。

以这样的方式坐禅，会使你汰旧更新。让我们与道友们一同共修。僧伽应该有足够的智慧不让修持落入例行公事，它应该是一件充满创意的事。我们中间有许多人是聪慧而富有创造力的，我们应该利用我们的智慧和创意，让修持不断地更新，并且保持活泼的心情。不论是基督徒、伊斯兰教徒、印度教徒或是犹太教徒，都可以善用佛教的行禅来进行修持。你属于什么宗教信仰，或完全没有宗教信仰，其实都无妨。

修行并不是一种形式。修行意味着善用我们的智慧和技巧，来滋养和转化自己，并且也帮助我们周遭的人得到滋养和转化。

一个崭新的开始

早晨当你在吃面包或牛角面包时，你要品尝出面包鲜活的能量。每天早晨当你在掰面包或是咬牛角面包时，都要像在行圣餐礼[3]一般。感觉上就像是和整个宇宙的能量产生了联结，整个人变得活泼而富有朝气。如果这片面包就是耶稣的圣体，它同时也应该是宇宙的圣体。我们可以说："这片面包就是宇宙的圣体。"怀着正念之心来吃东西，你会发现那片面包就是整个宇宙的圣体。如果能以这样的方式吃东西，你就会变得焕然一新。请让那个新生命在你的心中示现。你可以独自进行这项修持，也可以和别人一同共修，为的是帮助你的兄弟姐妹在每个当下更新他们自己。

一开始修持的时候，我们往往怀着一颗初心；初心是很美的。那时你对修行充满着渴望，你很想转化自己，为自己带来祥和及喜悦，而那份祥和及喜悦又会化成一股感染力。让自己变成一束火把，让火把上的火焰点燃其他的火把。以这样的方式修持，你就会增长全世界的祥和及喜悦。

我们每个人都应该进行重生的修持，如果这项修持能够成功，我们就能帮助周围的人。这才是生活中真正的实修方式。不论我们正在进行什么事——走路、坐在椅子上、吃东西或是扫地，都可以成为帮助我们觉醒的一种修行方式。每一刻都要保持觉醒，一旦能醒觉自己，你就能醒觉全世界了。

觉醒乃是佛法和修行的真实本性。"Budh"的意思便是觉醒。我们尊称已经觉醒的人为"Buddha"——"佛"。佛就是传递觉醒法教的人。我们每个人都有能力把自己转化成一盏明灯，来促成全世界的觉醒。

译　注

[1] 三皈依：指皈依佛、法、僧三宝。对于皈依对象三宝的解释，佛教诸乘诸宗略有不同，多说皈依佛指皈依十方三世一切佛，皈依法指皈依佛所说的教法，皈依僧指皈依圣贤僧。三皈依通过一定的形式而受，佛教制度认为受三皈依者才算佛弟子。

[2] 五戒：佛教戒律之一，为佛教徒应持守的五项戒律。指不杀生、不偷盗、不淫邪、不妄语、不饮酒。一行禅师的教法则是将五戒转换为更具主动意义的"正念五学处"：尊重生命、慷慨布施、负责任的性行为、谛听与爱语、正念的消费。

[3] 圣餐礼（Eucharist）：弥撒圣祭中，供信友领受基督圣体圣血的礼仪。

第七章
持续的示现

你能不能认清过往的每一刻你都在重生？你的祖先借由你而延续下来。一旦转化了他们传给你的习气，你就在过去中重生了。他们没时间停下来，深呼吸；你却可以停下来，深呼吸，为你的祖先享受一下生命提供给你的美好事物。

佛陀曾建议过我们，不要轻易接受任何教诲，不要因为这些教诲是出自某位大师之口，或是在经典里有记载，便轻易相信它们是真理。当然这也包括佛教经典在内。我们必须借由觉察而认清自己的体证是真实的，然后才能接纳那则教诲。佛陀说我们真正的本质是不生不灭的，让我们再来看一看这是不是真理。

请点燃一支蜡烛，让烛火继续燃烧，直到它烧尽为止。请问这支蜡烛是否还存在？佛陀说事物是不灭的，我们已经体认到这就是真理，同时我们也认清恒常的概念是不适用于任何事物的。因此，真相一定是介于这两者之间。现在我们必须全神贯注地深观这个问题。

你是否认为这支蜡烛一直在往下燃烧，如果你认为如此，你就是在透过时间来观察火焰的燃烧。你也会以同样的方式思考自己的寿命——那是一种线行的发展，所以有一天它一定会结束。你也许认为自己是在一条纵线上的某一点诞生的，你可能把那一点称作1960年。你认为你会在那条线上更远的一点死亡，你可能称那一点为2040年。你只看得见自己像蜡烛一样在时间中推进，但其实你不只是朝着线行的方向在推进。

你认为烛火快要熄灭了，蜡烛快要消逝了，事实上，火焰是朝着许多方向在逐渐熄灭的。它正朝着东西南北的方向在发光。如果你有非常精良的科学仪器，就能测出蜡烛正朝着整个宇宙发出光和热。蜡烛在你的心中留下了影像、光以及热。

你就像是一支蜡烛。想象你正在把光放射到你的周围。你的言语、思想和行动，正朝着许多方向发散出去。如果你说出的话很友善，你善良的言语会朝着许多方向发散出去，而你自己也会随着它们的方向推进。

我们每一个刹那都在转变，而且是以不同的形式在延续着。今天早晨你对孩子说了不友善的话，你和那些不友善的话同时都进入了他的心中。现在你为你曾经说过的那些话感到懊悔，但这并不意味你不能借由对孩子认错而改变你曾说过的话；反而是无法认错，才会令那些不友善的话长久驻留于孩子心中。

在每一周、每一天、每一时死而复生

我正在写一本有关佛法的书，它是建立在我的理解和我的修持之上的。当我在写一本有关佛法的著作时，我并不是依照线行的方向在思考。我正深入你的内心，我正以各种不同的形式在你的心中重生。佛法里经常提到身、口、意三个向度——我们生活中的每一刻，它们都会出现。请认清并理解这则真理，你无须等到身体瓦解时才踏上重生之旅。

眼前的这一刻我们就在诞生和死亡。我们并不是以单一的形式，而是以许多的形式在重生。我希望你能想象一下焰火这个东西。点燃的焰火不会只朝着垂直的方向落下，它会向四面八方发散出去；它的火花会朝着每一个方向喷发。所以不要认为你只是在朝一个方向推进，因为你就像焰火一样，你会进入你的孩子、你的朋友、你的社会和整个世界里。

清晨坐禅时，我的左右都坐着一些僧众。借着禅定，我已经在他们心中重生了。如果你很仔细地观察，你会在他们之中看见我。我无须等到死后才复活，此刻我已经重生了，而且我希望能朝着更好的方向重生。我要把我生命中最美最快乐的事，传给我在家和出家的朋友们，这样他们才能为我和他们自己带来美好的新生。

我们的无明、愤怒和绝望是不该再生的，它们若是再生，必定为世界带来更多的黑暗和痛苦。越多的快乐与爱能获得重生，世界就会变得更美、更善良一些。因此你和我应该不断地在每一周、每一天、每一时都死而复生，成为喜悦、爱和善的化身。

某一天我醒来时，突然想起了一首民谣《我的父母给了我许多长处》（*My father and mother have given me much merit*）。他们留给我的长处就是爱、宽恕和慷慨，以及为他人带来喜悦和

第七章 持续的示现

快乐的能力。他们给了我许多宝贵的遗产。我们的孩子就是我们的延续。我们的孩子就是我们,而我们也是我们的孩子。如果你有一个或好几个小孩,你已经在他们的体内重生了。你会在你的儿子或女儿的身上看到你的延续,除此之外你还有许多不同形式的延续。它们在你曾影响过的每一个人的心中,你无法想象你的行为、言语和思想已经影响了多少人。

放出我们的光与热

当蜡烛的火焰向四周发出光与热的时候,那光与热便是蜡烛的延续。那光与热是以水平的方向散发出去的。为了能以水平的方向散发出光与热,它必须以垂直的方向进行燃烧。缺少了水平面,垂直面是不可能存在的;缺少了垂直面,水平面也不可能存在。

问一问自己:"以后我会去哪里?"我们的行为和言语都是在当下这一刻产生的,而且是以线行的方向在发展着。当它们向外扩散而影响到我们周遭的世界时,它们也会使我们的生命朝着那些方向延伸。它们会让这个世界变得更美、更明亮,而那份美和光明又会延续到未来。我们不该只朝着垂直的方向寻找真正的自己。

假如我要泡一壶乌龙茶,我会先放一些茶叶在壶里,然后在上面浇一些滚水。五分钟后我们就有茶喝了。当我喝下它时,乌龙茶便进入了我的体内。如果再注入一些滚水，沏成第二泡茶，这些茶水会再度进入我的体内。当茶水倒光之后，壶里剩下的便只有泡过的茶叶了。这些剩下的茶叶只是茶的一小部分，进入我体内的茶水却是茶的绝大部分，而且是茶最精华的部分。

我们也是一样的，我们的精华已经进入子女、朋友和整个宇宙里。我们必须朝这些方向，而不是在泡过的茶叶里，找到我们自己。请你看一看你重生后的新貌，虽然你说那并不是你。你必须在非你之身的事物中，见到你的身体。这便是所谓的身外之身。

你无须等到火焰熄灭后才能获得重生。我们每天都有无数次的重生。每一刻都是崭新的。我的修持就是让我示现出的新生，能够为世界带来光明、自由和快乐。我的修持就是不让错误的行为复活。如果我生起了残忍的念头，或者言语里带着嗔恨，这些念头和言语都可能会再生。我们很难觉察到它们，很难把它们拉回来。它们就像是逃跑的马儿一般。我们不该让身、口、意牵引着自己，往错误的方向延伸。

没有生灭，我们就活不下去了

如果每一个刹那没有生灭的话，我们就活不下去了。我们体内的许多细胞都必须死去，我们才能继续活下去。不只是体内的细胞，意识海里的感受、认知和思维作意，都是稍纵即逝的。

我记得有一天，某位友人把他父亲的骨灰带到上梅村。他希望我能允许他把骨灰撒在我们行禅的小径上，我答应了他的要求。他或许以为父亲唯一剩下来的东西，就是这些撒在行禅小径上的骨灰了。他父亲还活着的时候，曾经在那条未撒下骨灰的小径上行走过。我们完成了撒骨灰的仪式之后，我转向身后的人说道："我们每个人都在这条小径上留下了我们的躯体。不只是这位刚过世的人，而是我们每一个人。每回我们在这条小径上行禅时，都留下了身体上的许多细胞。"

你每抓一次痒，死去的皮肤上，就有成千上万的细胞掉落在地面。当你在这条路上行禅时，你不但留下了皮肤上的细胞，还留下了你的感受、认知和思想。不论你住在梅村的时间是一小时或一周，你离开之后，都会留下许多属于你自己的踪迹。你在那条小径上留下的细胞，将会变成野草和野花。你延续下来的身体还在梅村，也在你孩子和孙子的体内。它在世上的每一个角落。蜡烛的火焰燃烧到最后终于熄灭时，它仍然存在着。如果朝着线行的方向去观察它，你是找不到它的；你必须朝着水平的方向才能发现它。

在西藏的传统里，如果一位高僧圆寂了，其他的僧人会等到数年之后，才出外寻找那位高僧的转世。在西藏，人们称转世高僧为祖古（Tulku）。高僧在圆寂前可能留下一首诗，据说里面暗示着他未来转世的地点。借由这首诗，他的弟子们就能找到与指示相符的一名孩童。弟子们带着老师在前世用过的铃铛、念珠或茶杯等器物，去那个孩童的家里探访。他们在其中还混杂着一些老师没用过的器物。这名小孩必须从这一堆器物中，选出那位圆寂高僧曾经用过的东西。他如果选对了，还要接受其他的测试，才能证实他就是那位高僧的转世化身。然后弟子们会请求这位灵童的父母，允许他们把孩子带回寺庙里承继前世的法脉。

这个传统具有非常动人的一面。弟子们是如此地敬重他们的导师，在导师圆寂之后，他们还想留住他。我曾经告诉过住在梅村的朋友们，他们不该等我过世后才去寻找我的转世化身；他们必须在当下就找到我，因为我已经在许多年轻的孩子身上重生了。如果你站在我的身旁，你看得见我身边的灵童吗？他们都是我的化身。成千上万继续在修持正念的年轻人，都是我的化身。如果你以法眼深观，就会看见我正以各种形态在重生。

虽然我的著作和弘法录音带无法在越南发行，我其实已经出现在那里了。虽然法律上我的教诲被禁止，它们仍然在广泛地流传着。保安警察没收了我的著作，却在私底下秘密地传阅它们。其他人则在地下流通助印我的书。因此我在越南已经有了传承。越南有许多年轻的僧尼都在修持我所传授的法门。如果你到越南去，你会在那儿看见我的踪影。你目前看到的我，只是我的一种示现罢了。我在越南的化身已经影响了越南人的心灵生活、当地的文化和青年人。那位说我不在越南的人，显然是未具足法眼的。

第七章　持续的示现

我也在监狱里弘过法。我的著作已经分发到全美国的监狱里，许多犯人都阅读过，而且很喜欢这些书。有一回我去探访马里兰州戒备最森严的一所监狱。它严格到连蚂蚁不接受检查可能都无法通过。我告诉这些犯人，无论你现在身处何处，皆可获得解脱。这项开示已经被记录下来，印成一本书（注：《就地解脱》，英文书名为《Be Free Where You Are》）。许多犯人都拿到了这本书，这样他们就可以修持、微笑、减轻心中的痛苦了；即使过的是被囚禁的生活，他们还是能找到心中的喜悦。因此，我知道我的化身此刻就在监狱里。这些已经在修持的犯人，自然会帮助其他的犯人。所有能接触到我教法的犯人，都是我的化身。因此，当你寻找我的时候，你要寻找的是我的身外之身。

每个当下都像焰火，散发出自己的美

如果你每天都学着去觉察自己朝水平方向发出的光与热，并且在每个当下更新自己，你就能在未来找到自己的化身。每个当下你都像是正在喷发的焰火，向四周散发出自己的美。借由自己的身、口、意，你可以散发出你的美。那份美和良善会进入你的友人、你的孩子、你的孙子以及整个世界。它是不会消失的，而你就是以这种方式进入未来。

如果朝着这个方向遥望未来的自己，你就能见到自己未来的化身。你不会认为你终将灭绝，你不会认为自己在死后就不存在了。你虽然不是永恒的，但也不会从此灭绝。

你能不能认清过往的每一刻你都在重生？你的祖先借由你而延续下来。一旦转化了他们传给你的习气，你就在过去中重生了。举例而言，也许你的先人总是习于奔命，总想做些什么事来存活下去。他们没时间停下来，深呼吸，享受人生提供给他们的美妙事物。你也是一样的，不过你现在已经拥有了修持的方法，因此你可以停下来，深呼吸，为你的祖先享受一下生命提供给你的美好事物。或许在遗传基因及精神层面，你的祖先也拥有过一些良好的品质，那可能是你的父母或是你的精神导师无法充分发展的品质，而现在你却可以在自己身上重新发现它们。你可以让这些失去的品质复苏。这都是在过去中重生的一些例子。

我认识一位美国的越战退伍军人，越南游击队在战争中杀死了他的同胞，于是他决定要报复那些杀害他同伴的村民。他在三明治里放置了炸药，然后把它们丢在那个村子的入口处。有几个孩子进入村子时，发现了那些三明治，便捡起来吃了。不久他们就开始痛苦地号哭，在地上不断地翻滚。他们的父母赶到了现场，但时间已经太迟了。那个地区十分偏远，没有救护车及医疗设备，所以无法快速地把孩子们送到医院。最后五个小孩都死了。

这名美国军人回国之后，一直无法消解心中的罪咎感。他的母亲试图安慰他，她说："儿子，这些事经常在战争中发生，没什么好难过的。"可是他的心仍然痛苦万分。他只要一发现屋子里有小孩,就会按捺不住地冲出门外。

有一次我到美国巡回演讲,特别为退伍军人举行了禅修营的活动。我带领他们行禅,借由呼吸来转化他们的恐惧和罪恶感。我告诉这位退伍军人:"你已经杀死了五个孩子,这是个不争的事实。可是,你还有机会可以救活好几百个小孩的性命。你知不知道每天都有成千上万的孩子,因为食物及医药设备的不足而死亡?你可以带些粮食和药品给他们。"他按照我的话去做了。现在这位在二十年前杀过五个孩子的人,已经由过去获得重生,成了一个救活二十个孩童的新生命。

学习以这样的方式进行深观,你的悔恨和欠缺自信都会得到转化。你将拥有崭新的能量,它不但会在过去发光,也会在当下及未来绽放出光芒。

第八章

恐惧、接纳及宽恕：触摸大地的修持

我们都曾经是树、玫瑰或动物。深观之下你会在你的体内看见树、玫瑰、云和麻雀，你无法将它们排除于体外。雨是云的延续，河是雨的延续，你赖以维生的水则是河的延续。如果你把云的延续排除于体外，你就无法活下去了。

我们花了许多时间在问一个问题："我为什么会死？"然而更重要的问题是："我死前会发生什么事？"你必须到你的爱人面前，向他提出一个问题："亲爱的，你是谁？你是三十年前和我结婚的那个人，还是完全不同的人？你为什么来到这里？你要往何处去？你死的时候我为什么要哭？"这些重要的问题并不是凭着头脑就能回答的，我们需要更深更完整的答案。

"触摸大地"的修持，可以帮助我们领悟自己那不生不灭的本质。像佛陀一样进行"触摸大地"的修持，将会帮助我们获得真正的洞识。

经典里记载，悉达多王子成佛悟道的前一天，对自己能否充分证悟还有一点怀疑。他一向是深具信心的，但某件事让他起了疑虑，于是他开始进行触摸大地的修持。他用手触摸着大地，来转化心中的疑虑。第二天，悉达多王子便成就了佛果。

在亚洲许多的寺庙里，你会看见佛陀触摸大地的肖像。"触摸大地"是一种深刻的修持方式，它能帮助我们转化恐惧、疑虑、偏见和愤怒。

觉察两个层面：历史面与终极面

实相的历史面和终极面是相互关联的。若是能深入地体认其中的一个层面，就能了悟另一个层面。基督可以同时被视为人子和神子。身为人子，他是属于历史的；身为神子，他隶属的则是终极实相。

我们有历史面的佛陀，也有不受制于时空的佛陀。我们每个人都和他一样。日常生活便是历史面，但终极面必须靠精神修持才能有所觉察。在历史面运作时，若能同时觉察到终极实相，我们就不再恐惧了。恐惧如果不存在，真正的喜乐就会出现。海浪有权利以浪的方式活着，不过它仍然得学会以水的方式生活。海浪不只是浪，同时也是水。水在生活的时候，并没有浪的恐惧。

触摸大地是一种简易而有效的修持方式，它能帮助我们和内心的终极次元相应。如果依照这种方式修持，终有一天你会体认到自己不生不灭的本质，那时你就能解脱恐惧了。那时你才能庄严地随顺生死的巨浪，因为你已经不再受制于恐惧和愤怒了。

触摸大地：从历史的面向

请把时间想象成一条垂直线。把当下的你放在这条线的中央，过去在你的上方，未来在你的下方。把自己安置在时间里，观想一下在你之前曾降生过的所有祖先。你的祖先之中最年轻的一辈就是你的父母，他们都在你的上方。你的下方则是你的孩子、孙子以及未来的世世代代。如果你没有子嗣，那么你这一生曾影响过的人以及他们所影响的人，便是你的子孙了。

在你之内不但有血缘上的祖先，还有精神上的始祖。你透过体内的每一个细胞与父母相连，他们和你的祖父母及曾祖父母，目前都在你体内。做这样的深观你会发现，你就是他们的化身。你也许认为祖先已经不在了，但即便是科学家都会告诉你，他们目前就在你体内，在你的遗传基因里，在你身体的每一个细胞里。

对你的子孙而言也是如此。你就在他们的每一个细胞里，你在你曾影响过的每一个人的意识里。这并不是一种想象，而是事实。

这是触摸大地的修持必须领会的第一件事。

你的精神始祖在你的每一个细胞里

请深观一棵梅树。树上的每一颗梅子都有果核，这果核包含了梅树过往所有的世世代代，这果核也包含了梅树无限的来世。果核之内早已具足了智慧，它知道自己如何才能变成梅树，如何才能生出枝叶、花朵和梅子；它不能独立完成这件事，它必须承继先前世世代代留传下来的经验。你也是一样，你早已具足智慧，知道自己该如何变成一个完整的人；你不但从你的祖先，同时也从你的精神始祖那里，承继了下朽的智慧。

现在你的精神始祖就在你体内，因为你的本质和你的学养是无法分开的。学养能转化你所承继的本质，而灵性上的修持，则是你日常生活的一部分，它们在你的每一个细胞里，所以你的精神始祖也在你的每一个细胞里。你无法否认他们的存在。

你有一些祖先是令你仰慕而引以为傲的，还有一些祖先则是有许多缺点而无法令你感到光荣的，不过他们毕竟是你的祖先。某些人拥有非常好的父母；另外一些人的父母却是痛苦的，而他们的子女也随之而受苦。此外，你的一些精神始祖也许并没有帮助你珍惜家族和社群的宗教信仰；你无法敬重他们，不过他们毕竟还是你的先人。

如实接纳你的先祖

我们必须回过头来接纳我们的血亲和精神上的始祖，你不能将他们撇在一边。他们不但是既定的事实，而且仍旧存在着。他们早已成为我们肉体和灵魂的一部分了。

当你第一次触摸大地时，请如实接纳你所有的祖先，这是非常重要的修持。无条件的接纳是通往奇妙宽恕的第一步。耶稣曾说过："宽恕我们对别人的侵犯，如同宽恕别人对我们的侵犯。"我们要了解，宽恕的第一步就是如实接纳别人，纵使他们曾经伤害了我们。若想如实接纳别人，就必须先接纳自己；若是无法接纳自己，便永远无法接纳别人。当我在看自己的时候，我看见了一些正面而值得赞赏的特质，我同时也知道自己身上还有些负面特质。所以我首先必须认清和接纳自己。

不论你是站在岩石、山丘、花朵前，还是站在家里的供桌前进行触摸大地的修持，你都要清醒地觉知自己的呼吸。吸气和呼气时要观想你的祖先们，并且要平等地看待他们的优点和缺点。你要毫不犹疑地全然接纳他们。然后你跪下来，以你的膝盖、双手和前额触碰大地。保持这样的姿势，继续观想下去：

"亲爱的祖先，我就是你们，我有你们身上一切的力量和弱点。我看见你们同时拥有正面和负面的种子，我发现你们是很幸运的，因为你们心中的友爱、慈悲和无惧的种子已经得到了灌溉。我同时也体认到，如果你们不够幸运的话，你们心中的贪婪、嫉妒和恐惧的种子就会滋长。这么一来，正面的种子就无法成长了。"

一个人的正面种子能得到灌溉，部分的原因是运气好，另外的原因则是人为的努力。我们人生里的各种情境，都可以帮助我们培养耐性、雅量、慈悲以及爱。我们周遭的人可以帮助我们灌溉这些种子，正念修持也有同样的效果。

如果一个人是在战争期间成长的，或者来自于痛苦的原生家庭及社群，那么这个人可能就会充斥着绝望与恐惧。他的父母若曾饱受痛苦而畏惧这个世界和其他人,他们就会把心中的恐惧和愤怒传给子女。但是他成长的环境里如果充满着安全与爱,善良的种子就会在他的心中滋长,而这些种子也会传递下去。

若是以这样的观点来看待祖先,你就能体谅他们的苦难。其实他们已经尽力了。凭着这份体谅,才能去除所有的抗拒和愤怒。平等地接纳祖先的优点和缺点是非常重要的事,这么做会令你变得更祥和、更无惧。

你也可以把哥哥和姐姐看成是比较年轻的祖先,因为他们是在你之前诞生的。他们也有各种弱点及才华,你必须全然接纳他们,因为你很清楚自己也有各种弱点及才华。当你触摸大地时,你就能体认到接纳的滋味了。请维持这种跪拜的姿势,五分钟、十分钟或十五分钟都可以,然后深深地体会这份接纳的精神。

触摸大地的修持一开始必须重复许多次,你才能跟父母及祖先达成和解。你必须不断地练习,因为这项修持非常重要。毕竟你的父母及祖先都在你体内,与他们和解就是在跟自己和解;否定了祖先,就是在否定你自己。如果能体认到你和祖先们是不可分割的,你的心灵就有了明显的进展。我相信几天或一周之后,你的修持就会出现成效了。

你可以在任何场所进行触摸大地的修持,譬如在祖先的供桌前,大树或山丘前,甚至在云彩底下都可以,只要你喜欢。你可以站在岩石、大树、小花或是供桌前,然后观想你所有的祖先都在你体内。要做到这一点并不困难，因为你就是他们，你就是他们的化身。请以百分之百的诚心来进行这项修持。

触摸未来：观想你的子嗣

接下来的触摸大地修持要观想的是你的子嗣们——孩子、孙子、侄女、侄儿等等。如果你觉得有困难，就应该按照下面的方式来进行观想：

"我和我的孩子们是没有分别的，因为我的孩子们就是我的延续。他们将牵引我进入未来。我的儿子、女儿、朋友或徒弟就是我。"

在讣闻里你时常会看到："某某先生已经过世了，但是他借着儿子和女儿获得了重生。"这句话的意思是，孩子们延续了父亲的生命。我的徒弟就是我，我每天过着修行的生活，为的就是把我最好的部分传给他们，因为我会随着他们进入未来。我告诉我的弟子，他们要为我观赏日出的美景，而我也会以他们的双眼欣赏日落和星辰。我因为我的弟子而成为不朽之人。

你既能在父母和祖先身上看到自己，也会在儿子和女儿身上看到自己。你要感谢父母使你有机会联系上所有的祖先。我的弟子也是透过我而联结了佛陀以及祖师们的教诲。你要感谢孩子们让你有机会进入未来。孩子必须借由父亲才能接上他的源头，而父亲也必须借着孩子才能通往未来和无垠的空间。

这是相当具体的修持方式，你可以单独练习或是和一两位好友共修。一开始你可能要透过别人的指导来进行练习，过一段时间，你就可以单独修炼了。

你的儿子就是你

如果你和儿子或女儿起了争执，你可能会说："你根本不是我的儿子。我的儿子不会有这样的行为。"或者说："你不是我的女儿。我的女儿不会做出这样的事。"但是你如果深观自己，就会看见自己也有这些负面种子。年轻的时候你会犯错，不过你从痛苦中也得到了一些领悟。当你的孩子犯错时，你必须帮助他理解真相，使他不再犯错。如果能看见自己的弱点，你就会说："我凭什么不接纳我的儿子呢？"你的儿子就是你。一旦拥有这份不二的洞识，你就能跟你的孩子和解了。触摸大地的修持正是一种和解的途径。

平等地接纳先祖的良善美好和所有的缺点

佛陀教导的"八正道"[1]的最后一道，称为"正定"。当我们触摸大地时，我们自然会体悟到无我、无常以及生命相依相生的本质，但是缺少了正定，洞识是无法产生的。若是能透过无常、无我及相依相生，而认清自己与父母、子女的关联，和解自然会达成。

一天之中你至少要做一两次触摸大地的修持。不妨利用下面的话语来引导你的观想：

"我借着触摸大地，与我的祖先及所有的子嗣相连，包括我的精神始祖和血亲们。"

（可以站在你喜欢的目标前进行短暂的观想，然后跪下来触摸大地。）

我的精神祖师包括了诸佛菩萨以及佛弟子们，同时也包括了那些目前仍健在或早已辞世的我的精神导师们。他们把祥和、智慧、爱及喜乐的种子传给了我，所以他们都在我体内。他们唤醒了我心中本有的智慧和慈悲。我若是深观我的精神祖师们，不但能看见那些在正念修持、智慧和慈悲上臻于完美的导师，同时也能看见那些不完美的导师们。我平等地接纳他们，因为我自己也有缺点和弱点。

认清自己在正念修持、智慧和慈悲上并不是永远完美的，所以我敞开心胸接纳我精神上的子嗣们。我的某些弟子的生活方式令我感到敬佩而满怀信心，但也有些弟子是充满着困难和起伏的。我敞开我的心平等地接纳他们。

我以同样的方式接纳我父母的列祖列宗。我接纳他们的良好品质、他们做过的善事，我也接纳他们所有的缺点。我敞开心胸接纳所有子孙们的良好品质、他们的才华以及他们的弱点。

你要接纳你宗教信仰里所有的导师。如果你是一名基督徒，你的精神祖师们就是基督、基督的门徒、基督教的圣人，以及曾影响过你的基督教导师们。如果你有犹太血缘，你或许也应该接纳你的男女长老们以及伟大的拉比[2]们。

我的精神祖师、血缘上的祖先、精神子嗣以及血缘上的子孙，都是我的一部分。我就是他们，他们就是我。我并没有一个独立存在的自我，我们都是奇妙的生命之河的一部分。

有生便有死，有右便有左

历史面是具有来去和生灭的。我们处于历史面的时候，经常会感到恐惧。我们恐惧是因为我们尚未体悟生灭是不真实的。佛陀说过："凡是能生出来的东西必定会死亡。"有生便有死，有右便有左，有开始必有结束。这就是事物在历史面所呈现出来的现象。佛陀在世的时候，不管是僧尼或在家众，都必须体悟生灭即是现实的真相。

为了面对恐惧，我们必须借由观照来稳定自己的心。一开始如果有人引导，我们会比较容易一些。呼吸是培养定力的一种工具，它能导引你的心专注于禅定目标。你借着对呼吸的觉察开始修习定力，等到将来修习观照法门时，我们才有能力集中心念。

认清事实，便是面对恐惧的修持方式

我们集中心念为的是体悟到实相。下面这段话是佛寺里每日都要唱诵的："借由吸气和呼气，我觉察到我的生命之中本来就附带着死亡，我无法逃脱死亡。我无法逃脱老化，因为这也是我的本性之一。我有一副身体，所以我也无法躲开疾病。我今日所执著和珍惜的事物，终有一天要舍弃，唯一能带走的东西，便是我所有行为的果。除了我的身、口、意所造成的果之外，我无法带走任何东西。"

我们必须从容地认清这个事实。这便是面对恐惧的修持方式。恐惧永远在我们心中——害怕自己会年华老去，害怕自己会生病、死亡或是被我们所爱的人抛弃。对这些事感到恐惧和担忧，本是人性自然的反应。

佛陀并不建议我们去压抑这些恐惧，他建议我们把这些恐惧提升到更高的意识层次，然后从容地看着它们。这是佛陀时代的僧尼和今日的僧尼每日必修的功课。你每次注意到恐惧，观照到恐惧，并且能面带微笑地看着它，你的恐惧就会失去一些力道；当它再度落回你的意识深处时，它的种子已经变小了。每天都要进行这项修持，尤其是当你的身心都很强壮时。在修持的时候，你心中可能有许多奔驰的妄念。你只需要注意自己的呼吸，就能把心拉回来。你不需要刻意让呼吸变得深或长，只要觉察它就够了；你不需要改变任何事物，只要让呼吸保持原状就对了。让心随时觉察自己的呼吸，如此修持下去，呼吸就会愈来愈和缓。

如果你觉得自己的心已经够稳定了，便可通过下列的语句来帮助自己专注。一开始你可以对自己说出完整的句子，接下来只需要记住其中的几个关键字就够了。你不需要太过于努力，只要放松下来，让呼吸和这些语句变成你的支撑。

有助于深观和治疗恐惧的修持

吸气，我觉察到我吸入的气息。（吸）

吐气，我觉察到我吐出的气息。（吐）

吸气，我觉察到我正在老化。（老）

吐气，我知道我无法逃避老化。（不逃避）

吸气，我觉察到疾病是我生命的本质之一。（病）

吐气，我知道我无法逃避病苦。（不逃避）

吸气，我知道我总有一天会死。（死）

吐气，我知道我无法逃离死亡。（不逃避）

吸气，我知道总有一天我必须舍弃我所执著的事物。（舍弃执著）

吐气，我知道我不能不舍弃我所执著的事物。（不逃避）

吸气，我知道我的身、口、意业才是我唯一的财产。（业才是唯一的财产）

吐气，我知道我无法逃避我的业果。（不逃避业果）

吸气，我决定要活在深刻的正念里。（活在正念里）

吐气，我认清了活在当下的喜悦及益处。（喜悦及益处）

吸气，我发誓要让我的爱人每天都感到喜悦。（给出喜悦）

吐气，我发誓要减轻我爱人的痛苦。（减轻痛苦）

接纳、宽恕和无惧，是从历史层面触摸大地所带来的最深的成果。以这种态度来善用呼吸，就能逐渐治愈自己。

接下来我们要探讨的是触摸大地的下个步骤。

触摸大地：在空间的横轴上

触摸大地的第一个步骤是观想自己站在时间的纵线上，现在要观想的则是象征空间的横线。这条象征空间的横线和代表时间的纵线是相互交错的。

在空间，我们可以看见地球上其他众生，譬如男人、女人、儿童、老年人，各种动物、植物、矿物等等。我们在观看一棵树的时候，通常会认为这棵树是在我们的外面，深观之下你却发现，原来这棵树是在我们里面。树就是你的肺，缺少了树，你根本无法呼吸。树制造了氧气，而氧气现在已经是我的一部分了。我又制造出二氧化碳，而二氧化碳也成了树的一部分。我们体内虽然有个肺脏，但树也在替我们呼吸，所以同样可以被视为我们的肺脏。我们的肺和树一起工作来帮助我们呼吸。

《本生经》(*The Jataka Tales*)[3]讲述的是佛陀证悟之前转世的故事。从故事中我们得知佛陀未得人身之前曾经是一棵树、一只鸟、一只乌龟、一块岩石、一朵云。我们也一样，在未得人身之前，我们也可能做过单细胞生物、大型动物、云、树木、森林或岩石。从科学的演化论来看，这并不是不可能的事。物质既没有被创造出来，也就没有毁灭。它会变成能量，而能量又会转化成物质，所以它不会灭绝。

我们一直是其他事物的一部分，其他的事物则是我们的一部分。我们都曾经是树、玫瑰或动物。此刻我们仍然是树。深观之下，你会在你的体内看见树、玫瑰、云和麻雀，你无法将它们排除于体外。你无法将云排除于体外，因为你的身体有百分之七十是水。雨是云的延续，河是雨的延续，你赖以维生的水则是河的延续。如果你把云的延续排除于体外，你就无法活下去了。

菩萨无所不在

深观虚空，我们会看见所有的证悟者以及伟大的菩萨[4]们。我们会看见神。深观之下你将发现，菩萨无所不在，你会看见那些有慈悲心的男男女女，竭尽所能地保护着全人类。在梅村，我们经常持诵观世音——闻声救苦的菩萨——之圣号；我们也持诵普贤[5]——最具有行动力的菩萨——之圣号；文殊师利[6]——智慧最高的菩萨——之圣号；地藏王菩萨[7]——总是走向最黑暗的地方，承受一般人无法承受的苦难，来度脱所有的人——之圣号。

这些都是我们所熟知的菩萨，他们的传闻轶事早已广泛地流传。世上还有无数不为人知的菩萨，他们借由他们的工作向世界表达出爱、慈悲和深刻的奉献精神。他们的内心充满着爱，他们对财物毫无兴趣，他们过着简朴的生活，为的是拥有更多的时间和精力来帮助别人。他们遍及各处。我认识一位住在荷兰的菩萨，她的名字叫希比（Hebe）。二次大战期间，她曾协助过两万名犹太人逃离了大浩劫。我不知道她是怎么办到的。如果你见到她本人，你会发现她的个子很小，而且她和我们一样只有两只手。我们为了帮助越南的战地孤儿曾一起共事过。

菩萨不是历史的神祇，而是周遭有血有肉的人

还有的菩萨看起来并不十分活跃，但是他们的祥和与善意，往往能激起我们的爱、同理和耐性。

世上有无数像这样的菩萨，我们应该留些时间去发现他们，与他们接触。菩萨并不是过往历史里的神祇或伟人，而是你周围那些有血有肉的人；他们具有无穷的精力、智慧和慈悲，只要接近他们，就能受益。

菩萨是不可貌相的，那些能带给我们快乐的小孩也是菩萨，

我们的孩子和朋友也都是菩萨。有时他们会造成我们的痛苦，不过他们也能助长我们的爱和智慧。

菩萨对拔除苦难从不感觉疲惫，他们永不放弃，他们为我们带来了活下去的勇气。进入黑暗地带帮助众生的地藏王菩萨，并不是孤孤单单的一个人；他在所有的地狱道里[8]都有无量化身，而这些地狱道目前都存在于我们的现世里。

那位曾经说过"我从不轻视任何众生"的常不轻菩萨[9]，也是化身无量的。即使某人尚未具足觉醒的能力，他还是看得见这个人的潜力。常不轻菩萨帮助每一个人建立自我信心，去除自卑感。这类心结往往会使人瘫痪。常不轻菩萨的特长就是与我们心中的觉性和爱的种子相应。这位菩萨不仅是《妙法莲华经》[10]里的一位人物，也是我们现代社会里四处可见的化身菩萨。我们必须在周围的环境里发现有血有肉的常不轻菩萨。

文殊菩萨是智慧最高的菩萨，他对我们的了解，使我们深感欣慰。文殊菩萨总是能看到我们的痛苦和困难，而且从不谴责或惩罚我们。他永远伴随在我们身边，带给我们启发和鼓励。文殊菩萨并不是传说中的人物，他就是我们周围的亲人，譬如兄、弟、姐、妹，或是侄儿、侄女。

对别人的苦难付出，就能和菩萨相应

我们无须崇拜那些想象中的神话人物，菩萨并不是活在云端的古人,他们是充满着爱和毅力的现代人。如果我们对别人的苦难能付出爱及同理,我们就和菩萨的深刻了悟相应了。

闻声救苦的观音菩萨也在我们周围。心理治疗师都必须学会观音菩萨的倾听技巧,那是一种透过耳识而深观的艺术。如果我们能深刻地倾听我们的父母或子女的话语,观音菩萨就出现在我们心中了。

妙音菩萨[11]善用音乐、文字和音声来唤醒人们。如果你是一位诗人、作家或作曲家,你或许就是妙音菩萨了。你在艺术上的创作,并不是用来帮助人们暂时忘却痛苦,而是用来唤醒人们心中的智慧和慈悲。我们之中也有许多作家、诗人和作曲家善用各种音声,来帮助人们借由佛法激发爱及智慧。以下是普贤菩萨的愿力之一:

> 我要善用大音声海,
> 将其转化为意旨深远的文字,
> 来赞美三世诸佛的无量功德[12]。

当你触摸大地时,就在跟这些伟大的生命相应,因为他们就是你和大地的一部分。活在现代世界里,你很容易感到沮丧,所以你必须保护自己。最好的方式就是跟充满着爱和慈悲的菩萨相应。

我们应该在当下就和诸佛菩萨相应,而不是上香祈求他们的庇佑。若是能跟他们的精神相连，就会产生力量。我们会发现他们正在我们体内，而我们就是他们在时空中的化身。我们是这些菩萨的一只手臂，我们的手臂可以伸展到数千里外，我们的手臂可以伸向地球最黑暗的角落。我们四处都有朋友可以充当我们的手臂，我们也可以变成他们的手臂。

"觉醒心中的智慧是修行者唯一的志业。"（Awakened understanding is the practitioner's only career.）这是出自《八大人觉经》[13]里的一句话。其他的事业都没有真正的价值。没有任何的荣耀或名望，可以跟深观事物本质所得到的觉醒智慧相比。我们若是能借由这份智慧而止息愤怒，便是在示现心中伟大的慧种。让我们以这样的方式来过生活，让我们体内的那个菩萨示现出来。

让我们借由当下的言语和行动展现菩萨的风范，不要拖到今天晚上才做菩萨。让我们呼唤闻声救苦的菩萨，智慧最高的菩萨，行动力最强的菩萨，以及愿力最大的菩萨，试着与他们的精神相应。这么做会为我们带来无限的力量，去帮助世间受苦的众生。

触摸大地：与痛苦的众生联结

触摸大地时，我们不但和诸佛菩萨相应，同时也跟痛苦的众生产生了联结。两者我们都得接触。我们必须记住，有许多的生命正处于最深的苦难中，譬如战争、高压和不公不义。他们连说出这些苦难和不公不义的机会都没有，所以他们只好忍耐。世上有些盗匪可能正在强暴年轻女孩；有些富有的商人可能正在私售军火给贫穷国家，而那些国家里的儿童可能连饭都没得吃，学校都没得上；有些工厂的老板正在压榨童工；有的人正在监牢里静待死亡；麻风病院里有许多儿童和成年人四肢不全、不识字而且无望。这些地狱道里的人都需要菩萨的救赎。

第二次触摸大地之前，我们可以站在一座山或一朵花前进行观想。在观想的过程中，我们不但看见自己是菩萨，同时也是那些受到欺压、歧视和不公平待遇的人。我们以菩萨般的能量去关怀各地的受害者。我们既是那些正要强暴年轻女孩的盗匪，我们也是那些被强暴的年轻女孩。我们并没有一个独立的自我，我们和所有的众生都是相依相生的。

我们的生活方式对万事万物都有影响，因此我们必须思考：我们是怎么过日子的，才会让那个泰国男孩变成了强暴犯？答案是，我们只关心自己的物质需求。那个年轻男孩的原生家庭已经贫困好几代了。他的父亲是一名只会借酒消愁的渔夫，他不知道该如何教养孩子，只会一味地体罚他们；而男孩的母亲也不知道该如何教养孩子。他才十三岁，就必须陪着父亲出海捕鱼；父亲过世之后，他承继了父亲的工作。他没有机会发展出智慧和爱。他受到诱惑而变成了一名海盗，因为海盗可以一夜致富，让他脱离永无止境的悲惨生活。海上没有保安警察，所以何不跟随其他的海盗，强暴那些遭抢船只上的年轻女孩？

如果我们手上有枪，我们也许可以立刻枪毙那个年轻人，但是帮助他发展出智慧和爱，不是更好的办法吗？请问那些应该帮助他的政客、政治家和教育工作者，都跑到哪儿去了？

昨夜，泰国海边的渔家又诞生了成百上千的婴儿。如果这些孩子乏人照料，无法接受良好的教育，其中的某些人就可能变成海盗。是谁的错？犯错的人就是我们：政治家、政客、选民以及教育工作者。我们不能光谴责那名年轻人。如果我生下来就是一个无法受教育的贫穷儿童，我的父母都是文盲，他们有生之年都一贫如洗，而且根本不知道该如何教养我，那么我很可能会变成一名海盗。你即使是枪毙我，也无法解决任何问题。谁是那名海盗？他就是我，被他强暴的那个女孩也是我。

众生的苦难便是我们的苦难。我们必须认清我们就是他们，而他们就是我们。我们一旦体认到他们的痛苦，慈悲与爱的利箭就会射入我们心中。我们可以爱他们，拥抱他们，找到办法来帮助他们。只有这样我们才不会因为他们的处境而感到彻底绝望。他们的处境即是我们的处境。

佛菩萨不在遥远的极乐世界，就在眼前

当你意识到这个世界的苦难时，你很容易被绝望淹没。不过被绝望淹没是没有必要的。越战期间的青年人很容易就变成

了绝望的受害者，因为战事拖得太久，似乎永无止期了。中东的情况也是一样，以色列和巴勒斯坦的年轻人都觉得，战争沉重的氛围似乎永远也无法改变了。我们必须保护自己和子女免于绝望。菩萨们有能力借由深观、爱、智慧以及深刻的奉献来对治绝望。第二次触摸大地时，我们就是在跟各地大大小小的菩萨们相应，我们会因此而感受到他们的力量。

由于人类的贪婪，动物、植物和矿物都在受苦。土壤、大地、水和空气正在受苦，是因为我们污染了它们；树木感到痛苦，是因为我们为了自己的利益而摧毁了森林；许多动物灭种，是因为自然环境遭受到严重的破坏，而人类也在毁灭和剥削其他的人。

根据佛教的教法，众生都有觉性。佛菩萨就在眼前的世界，他们并不在遥远的极乐世界。不论我们是活着，还是正面临死亡，他们都在我们的周遭。

诸佛皆在我们体内，我们也在诸佛体内

触摸大地的修持能帮助我们净化身心，它使我们对无常、依他起性和无我的本质保持觉知。佛陀曾经说过，能够体悟到依他起性的人，便能见佛。因此，当我们触摸大地时，我们会看见体内的佛，同时也会看见我们就在佛的体内。我们将会看见所有的众生都在我们体内，而我们也都在他们体内。如果能

保持跪拜的姿势，心中的自他之分就会消除，然后我们才知道在日常生活里该做什么，不该做什么。有了这份洞识，我们自然能做出利益众生的事。

你为你的人生做了什么？你的所作所为是否能利益自己、利益心爱的人或是众生？菩萨立下的深刻承诺就是要减轻众生的苦难，他的志业是要变成一名觉醒的佛。我们一旦决定以行菩萨道作为我们的志业，就有能力放下曾吸引过我们的无意义之事，放下所有的名闻利养。一旦下了这样的决心，就能轻而易举地放下这些事。

诸佛皆在我们体内，我们也在诸佛体内。我们都能解脱。我们都能成佛。

若能感受世间菩萨的爱与喜乐，我们就不再孤独绝望了

第二次触摸大地时，请用下面的话语来引导你自己：

"触摸大地，我与眼前这一刻活在世上的众生相连。"

（触摸大地之前，请站在你喜欢的目标前面，进行短暂的观想。）

我和光华四射的生命原型本为一体。我体认到我和众生是紧密相连的，我们的快乐与痛苦均是息息相关的。我和那些已经超越生死所以能慈悲无惧地看待生死的诸佛菩萨，本来就是一体的。我和地球上每个角落里的菩萨都是一体的。他们具足

了祥和、智慧与爱，他们能够为众生带来滋养和疗愈，他们用爱和关怀的行动拥抱世界。若是能感受到世间菩萨的爱与喜乐，我们就不再孤独绝望了。领受到他们的爱和众生的苦难，促使我们以富有意义的方式，活出生命的祥和及喜乐。

菩萨们的爱使我变得更坚强，也使我在受苦的众生身上看见了自己。我和那些生来就有残疾的人，或是因战争、意外、疾病而残废的人同为一体；我和那些深陷战争被欺压的人也同为一体；我和那些家庭生活不快乐、心中不安或绝望的人，以及对美好事物充满渴望和憧憬的人，也是一体的；我和那些正濒临死亡而不知未来会发生什么事，也不知该如何战胜恐惧的人，同样是一体的。我就是那个生活在贫病交加的国度、骨瘦如柴、没有任何未来的小孩；我也是那个制造炸弹销售给贫穷国家的商人。我既是池塘里的那只青蛙，也是靠青蛙滋养身体的那条蛇；我是鸟儿们正在寻觅的蜻蜓或蚂蚁，也是正在寻觅昆虫的鸟儿。我是正在被砍伐的森林，是被污染的河川和空气；我也是那些砍伐森林、污染河川及空气的人。我在众生身上看见了自己，我也在自己的身上看见了众生。

体认到我们就是众生，心中的恐惧就会消解

如果能体认到我们就是众生，心中的恐惧自然会消解，因为我们已经深入地认识了时空的次元。可是若想真的解除恐惧，

就必须深观到不生不灭的终极实相。我们必须舍弃自己即是身体因而终将死亡的概念。

修行到这个阶段，我们才能发现无惧的本质。这便是第三回合触摸大地的修持。以下的冥思可以引领你进入这样的状态。

吸气，我知道我正在吸气。（吸）

吐气，我知道我正在吐气。（吐）

吸气，我觉察到海面的波浪。（浪）

吐气，我对着海浪微笑。（我微笑）

吸气，我觉察到浪中之水。（浪中之水）

吐气，我对着浪中之水微笑。（我微笑）

吸气，我看见海浪的诞生。（海浪的诞生）

吐气，我对着生起的海浪微笑。（我微笑）

吸气，我看见海浪的消逝。（海浪的消逝）

吐气，我对着消逝的海浪微笑。（我微笑）

吸气，我看见海水不生的本质。（水不生）

吐气，我对着海水不生的本质微笑。（我微笑）

吸气，我看见海水不灭的本质。（水不灭）

吐气，我对着海水不灭的本质微笑。（我微笑）

吸气，我看见我身体的诞生。（我身体的诞生）

吐气，我对着我诞生出来的身体微笑。（我微笑）

吸气，我看见我身体的毁灭。（我身体的毁灭）

吐气，我对着我身体的毁灭微笑。（我微笑）

吸气，我看见我身体不生的本质。（我身体不生的本质）

吐气，我对着我身体不生的本质微笑。（我微笑）

吸气，我看见我身体不灭的本质。（我身体不灭的本质）

吐气，我对着我身体不灭的本质微笑。（我微笑）

吸气，我看见我意识不生的本质。（意识不生）

吐气，我对着我意识不生的本质微笑。（我微笑）

吸气，我只觉察到我在吸气。（吸）

吐气，我只觉察到我在吐气。（吐）

"我"不是我的身体

当我还是个见习僧的时候，我认为超越生死这件事是遥不可及的。我以为我今生都不可能了悟到这一点。然而生与死只是一种概念罢了，我们只需要超越这些概念就够了。一旦体认到这一点，我才发现超越生死并非不可能的事。这两种概念已经囚禁我们多生多世了。

现在我们才终于认清，我们是比身体更宽广的。现在我们才认清，我们并没有寿命的限制，我们是无量无边的。在禅定中我们体悟了这一点。如果我们成功地完成了一二回合的触摸大地修持，第三回合的修持就像儿童的游戏那么简单了。第一回合若是垂直线，第二回合就是水平线，第三回合则是在它们的周围画一个圆圈。

第一次触摸大地时,我们解除了我们和祖先及子嗣是分开的概念。我们也舍弃了时间的概念。

第二次触摸大地时,我们不再认为自己跟诸佛菩萨、受苦的众生、动物、植物以及其他事物是分开的,于是我们也舍弃了空间的概念。

第三次触摸大地时,我们不再认为我们就是自己的身体,我们也不再受制于生死的概念。

我们通常会认为我们就是自己的身体。我们以为当身体瓦解时,我们也跟着瓦解了。佛陀很清楚地昭示:我们并不是自己的身体。

我经常问那些三十岁以下的年轻人:"1966年我离开越南时,你们在哪里?"他们不该回答我那时他们还不存在。他们必须体认到,他们早就存在于父母及祖父母的体内了。

不妨利用下面这些话语,来导引你进行第三回合触摸大地的修持:

"触摸大地,我不再认为我就是我的身体,或者我的寿命是有限的。"

(触摸大地之前,请站在你喜欢的目标面前,进行短时间的观想。)

我看见这副由四大假合的身体并不是真正的我,我是不受这副身体限制的。我是数千年来的精神始祖及列祖列宗的一部分,这道生命之河将会从眼前延续到未来的数千年后。我和我的祖先是一体的。我和所有的人及众生都是一体的,不论他们是祥和无惧,或者充满着痛苦和畏惧。当下这一刻我遍及地球的每个角落,我也存在于过去和未来。身体的瓦解不会影响到我,如同落下的梅花并不意味梅树的终结一般。我体会到我就是海面的波浪,我的本质便是海中的水。我在所有的海浪中看见了自己,同时也在自己身上看见了所有的海浪。海浪的来去并不影响大海,我的法身和慧命也不受制于生灭。我的身体尚未示现之前以及瓦解之后,我仍然看得见我的身体。即使是当下这一刻,我都能看见我是存在于身体之外的。我的寿命不只是七十岁或八十岁,我的寿命像一片叶子或者像佛陀一样是无限的。我不再认为我的身体只是时空中的一个独立个体。

曾深观过时空真相的人,将体认到终极次元是什么。深入地认识了海浪,你就能领会水的本质是什么。

涅槃,就是去除所有的观念和概念,让实相充分显露

佛陀说过,你的本质是不生、不灭、无来、无去、无存在、无不存在、无同、无异的。这则教法听起来似乎有别于"生老病死是无法避免的"。深观之下你却发现,生、灭、来、去、存

在或不存在都只是一种观念罢了。我们必须去除所有的观念，才能体悟终极实相或"如如"。

"如如"是一个佛教名相，意味着实相只是"如此这般"罢了。你无法以言语道断，你也不能描述它。你可以说"神"是"终极实相"，但任何一种对神的描述都是错的。任何一种有关神的概念或观念都无法描述神。"涅槃"也是同样的情况。涅槃就是去除所有的观念和概念，让实相充分显露出来。从历史的层面来观察海浪，我们一定会论及浪潮的生灭、高低、美丑、此彼等等。从终极次元来看，水，所有的形容词，以及所有你用来描述海浪的概念，都不再生效；因为它是不生不灭、非此非彼、非高非低、非美非丑的。海浪不需要等到止息之后才变成水，海浪此刻就是水了。

请现在就开始深观，这样你才不会在爱人过世的时候，感伤自己和他或她已经天人永别。如果能产生深刻的洞识，你就不觉得被遗弃了。我每天都在深观周遭的事物：树木、山丘和我的朋友们。我在其中看见了我，我的踪影。我知道我永远不会灭绝，我会继续以不同的形态示现出来。当我的朋友来看我的时候，除了肉眼看得见的这副肉身之外，他们还应该看到其他形态的我。当我的肉身将要消逝的那一刻，这项修持将会帮助他们停止哭泣；因为这副示现出来的身体一旦消逝，其他形态的示现才有展露的余地。

译 注

[1] 八正道：佛教徒修习解脱境界的八种法门。八正道为：（一）正见，具有四谛的见解。（二）正思维，思维四谛之义。（三）正语，不作一切非理的言谈。（四）正业，清净的行为。（五）正命，正当的谋生方式。（六）正精进，努力勤修正法。（七）正念，修习四念处。（八）正定，修习四禅八定。

[2] 拉比（Rabbis）：获权威认可的犹太教导师和精神领袖之通称。

[3]《本生经》：巴利文《小部》中的一部经典。内容为释迦牟尼的前世故事，叙述释迦牟尼前七世曾为国王、婆罗门、商人、女人等乃至动物所行善道，阐明佛教济世度人的教义。

[4] 菩萨：在大众部佛教中，指一个已经完成一切必要准备进入涅槃，但为了协助其他人达到涅槃而选择延后进入涅槃的人。

[5] 普贤：在汉传佛教为菩萨名，在藏传佛教也可为佛陀名。或译普贤、遍吉等。象征佛陀理德、行德的菩萨，与文殊菩萨之智德、证德相对。为佛陀释迦牟尼的右胁侍，和佛陀、文殊菩萨合称华严三圣。为中国佛教四大菩萨之一。其塑像多骑六牙白象，代表佛法的大悲力。道场在四川峨眉山。

[6] 文殊师利：简称文殊，象征佛陀智慧的菩萨。在中国，他和观音、地藏、普贤并称四大菩萨。中国佛教徒相传山西五台山是文殊菩萨的道场。其外形为顶结五髻、手持宝剑的童子形。或作"曼殊室利"、"妙吉祥"。

[7] 地藏王菩萨：四大菩萨之一。根据《地藏菩萨本愿经》的说法，他原是婆罗门子，曾祈求释迦牟尼帮他邪恶的母亲脱离地狱，后誓度尽地狱中一切众生。他被认为是菩萨大愿的代表。虽然《地藏菩萨本愿经》可能是中国人撰写的，但不会因此影响中国佛教徒对他的信仰。传说他曾化身投生新罗国王族，姓金名乔觉，出家来华，入九华山，居数十年圆寂，肉身不坏，因此九华山被认为是地藏菩萨的道场。地藏菩萨的像多作比丘相，有光环，两眉间蓄发一簇，手持法杖。

[8] 地狱道:"六道"之一。佛家认为一切众生沉沦三界之内,由其所造作之罪业不同,因而轮回六道当中。六道有善恶之别,天、人、阿修罗属于三善道;畜生、饿鬼、地狱属于三恶道,亦称三涂,即血涂、刀涂、火涂。六道当中以地狱道最苦,凡造五逆、十恶、谤法破戒,皆招感地狱果报。

[9] 常不轻菩萨:又作常被轻慢菩萨,略称不轻菩萨。《法华经·常不轻菩萨品》中所说之菩萨,系过去威音王佛灭后像法时出世之菩萨比丘,即释尊之前身。此菩萨每见比丘、比丘尼、优婆塞、优婆夷,悉皆礼拜赞叹,众人闻言而有生怒者,以瓦、石、木杖等击之,然常不轻菩萨恭敬依然,乃至远见四众,亦复礼拜赞叹如昔,以故增上慢之四众称之为常不轻。亦即表现大乘佛教精神之一位重要菩萨。

[10] 《妙法莲华经》:后秦鸠摩罗什译,七卷,另有西晋竺法护译《正法华经》十卷、隋阇那崛多和达摩笈多译的《添品妙法莲华经》七卷,都是本经的同本异译。本经的重点在调和大小乘的冲突,以为一切众生都可成佛。且以种种譬喻阐述佛法深刻的思想,普受欢迎,也是天台宗和日本莲宗教理的依据。简称《法华经》、《莲经》。

[11] 妙音菩萨:音译曼殊瞿沙菩萨。在《法华经·妙音菩萨品》中,载有此菩萨之功德。然在密教中,此尊与文殊菩萨同尊,表文殊说法之德。据《大日经疏》卷一载,妙吉祥菩萨(即文殊菩萨)又称妙德、妙音,以其大慈悲力之故,开演妙法音,令一切众生得闻。在胎藏界现图曼荼罗中,此尊位于文殊院中央之北方第五位。

[12] 普贤菩萨有十大行愿:(一)礼敬诸佛。(二)称赞如来。(三)广修供养。(四)忏悔业障。(五)随喜功德。(六)请转法轮。(七)请佛住世。(八)常随佛学。(九)恒顺众生。(十)普皆回向。此处所指乃为第二愿行:称赞如来。

[13] 《八大人觉经》:全一卷。后汉安世高译。收于《大正藏》第十七册。本经以说明诸佛菩萨等大人应觉知思念之八种法。佛弟子须观察体会八大

人觉，以作自觉、觉他之修行。本经之八大人觉系指觉世间无常、觉多欲、觉心不足、觉懈怠、觉愚痴、觉贫怨、觉欲过患、觉生死。这八种法是诸佛菩萨觉悟之法，为了度脱众生而往还于生死之间教化众生的法门。

第八章 恐惧、接纳及宽恕：触摸大地的修持

第九章

陪伴临终者

请不要等到临终时才去阅读和修持。请在当下就开始深观，这样我们才能和不生不灭、无来无去、不同不异的本质相应。能如此深观，便能止息心中的哀伤和痛苦。

给孤独长者（Anathapindika）来自于喜马拉雅山脚恒河北岸的拘萨罗国（Koshala），是佛陀身边的一位在家弟子，也是一位成功而受人尊崇的商人。他真正的名字是须达多（Sudatta），但人们尊称他为"给孤独长者"，意思是：照顾贫民的仁者。他不遗余力地帮助穷人、孤儿以及无家可归的人，因而赢得了人们的感佩。

佛陀是什么人物

三十岁左右的某一天，他因生意上的需要前往王舍城（Magadha），当时佛陀也在那里。他抵达王舍城的第一件事，便是去看望妹妹和妹婿。他很惊讶地发现自己并未受到像以往一般的殷勤招待。他问妹妹为什么不多花点时间陪他，妹妹说："因为全家都在忙着准备接待一位名叫'佛陀'的伟大导师。"听到佛陀的名字，他感到相当好奇，于是问妹妹："佛陀是什么人物？"妹妹给予佛陀的高度赞誉，令他很想立刻就见到佛陀。

第二天一大清早，他便赶赴佛陀传法的"竹林精舍"（Bamboo Grove Monastery）。佛陀的话语深深撼动了他。他向佛陀顶礼，并邀请佛陀到他的家乡为友人及家人开示。虽然当时只是佛陀初转法轮[1]的第三年，追随他出家的僧众已经有一千两百多人了。舍利弗[2]是其中经常伴随佛陀四处游化的僧人之一。未皈依佛陀之前，他已经是相当著名的精神导师了；成为佛陀的弟子之后，他的师弟和徒弟们也跟着皈依了佛陀。

佛陀接受了给孤独长者的邀约，不久便准备起身前往拘萨罗国的首都舍卫城（Shravasti）。给孤独长者必须率先返回舍卫城，准备迎接佛陀的光临，但是他需要一名僧人结伴同行，增添一些助力。佛陀要舍利弗伴随给孤独长者回乡做准备，因为他十分擅长于团体活动的策划。这两个人，一位是僧人，一位是在家居士，不久便结成了挚友。

僧众和在家众可以成为知心的朋友

有些人以为僧众只能接近僧众，在家众只能接近在家众，这样的想法显然不正确。如果在家众和出家众都渴望修习正念，也都能深观的话，他们将会成为挚友、同修和工作伙伴，彼此是没有差别的。僧众可以成为很好的出家修行人，在家众也可以成为很好的在家修持者，他们会变成知心的朋友。

给孤独长者很想把拘萨罗国的一块地献给佛陀兴建寺庙。

四处寻找了一番之后，他觉得只有一个地方的风景够美。那是一座幽美的林园，土地属于拘萨罗皇室的祇陀太子。给孤独长者非常富有，所以他认为自己可以说服那位王子出售其土地。王子在这块地上种了许多美丽的大树，所以这不只是一块地而已，它就像天堂一般。给孤独长者向王子提出要求，王子一口回绝了。给孤独长者拿出更多的钱，王子还是拒绝了。最后给孤独长者问道："你要多少钱，我都愿意付给你。"王子答道："你若是能把这块地铺满金箔，我就把它卖给你。"其实王子说的是一句玩笑话，他根本不相信给孤独长者会接受他的要求，但长者真的接受了。

不久，给孤独长者便带着足够的金箔，试图将这整块地都铺满，可是王子仍然不想卖地。后来王子的亲信建议他说："你必须卖这块地，因为你是皇室的王子，你已经答应别人就不能食言了。"

祇陀王子很难理解，为什么区区一位精神导师，竟然能让给孤独长者心甘情愿花这么多钱买地作为捐赠之礼。后来有人告诉他，佛陀虽然只是一位年轻的导师，但是已经彻悟实相，他的智慧和悲心都是无与伦比的。看见给孤独长者有这么虔诚的信仰，祇陀王子深受感动，他在长者即将用金箔铺满那块土地时，及时制止了长者的举动。王子说道："你给我的金子已经足够了。我愿意将这块地上所有的树都送给佛陀做礼物。"这就是为什么此地后来被称作"祇树给孤独园"（译注：简称为"祇园精舍"）的原因。土地是给孤独长者买下来献给佛陀的，树木却是祇陀王子捐赠的。佛陀非常喜爱这座林园，一连二十年的雨季，佛陀都在这块土地上结夏安居[3]。今日你仍然可以到这所公园参观，上面还有一座古老佛寺的残余建筑物。

给孤独长者自从和佛陀见面之后，数十年里一直不断地帮助穷人，护持佛、法、僧，他和拘萨罗的国王都是佛陀的挚友。

给孤独长者有个幸福的家庭，他的妻子和两个小孩后来也成了佛陀的弟子。他们全家每周都去祇园精舍听佛陀开示，学习正念修持。给孤独长者也经常带一些富商去见佛陀，接受他的开示。有一回他甚至带了五百多个商人去祇园精舍，那次佛陀特别为在家众开示了修持的法门，并因此而传为佳话。给孤独长者大部分的朋友接受过五戒，他终其一生均以欢喜心护持佛、法、僧。虽然他成就过许多事业，但也面临过艰难的困境。有一次他失去了所有的财产，后来通过属下和朋友的帮助，才重新建立起自己的事业和财富。

以安详的心情面对死亡

结识佛陀三十五年后，给孤独长者罹患了重病。听到他病危的消息，佛陀前去探望他，并鼓励他在病榻上还要继续观呼吸。佛陀接着指示舍利弗要好好照顾他的老友。佛陀要舍利弗在拘萨罗多停留一些时间，帮助给孤独长者以安详的心情面对死亡。

舍利弗发现给孤独长者的病情正在急速恶化，于是要求他的师弟阿难尊者[4]陪他一同探望这位老友。阿难是佛陀的堂弟，凭着博闻强识，他将佛陀的言教完全背诵了下来。因为有他，我们今日才能听闻到佛法。

结束了那天的化缘之后，他们二人便立刻前往给孤独长者的住家。长者很高兴看见两位僧人来访，因为他正需要他们的帮助。他勉强坐起身来，想以正式的礼仪接待他们，但是做不到，因为身体实在太虚弱了。

舍利弗对他说："我的老友，你不用坐起来，躺着就行了，我们自己会搬两把椅子坐在你身边的。"舍利弗接着问道："你身上的感觉如何？痛不痛？如果觉得痛，那份痛感是在增加，还是在减弱？"

给孤独长者答道："我身上的疼痛一直在增加，好像一点也没减弱。"

舍利弗接着对他说："如果是这种情况，我们就该一起来观想三宝[5]。"于是他开始导引长者进行三宝的观想，一旁还有阿难尊者的协助。舍利弗是佛弟子中智慧最高的一位。他就像是佛陀的右臂一样，也是上万僧尼的大师兄。他知道给孤独长者多年来因护持而得到莫大的喜乐，他也知道在这样的时刻进行这样的观想，可以帮助他灌溉喜悦的种子。

他帮助给孤独长者忆起佛、法、僧三宝的美好本质，不到五六分钟的时间，给孤独长者全身的疼痛已经减轻了，心中的喜悦种子也得到了灌溉。他恢复了身心的平衡而终于露出笑容。

为病重或垂死之人带来喜悦

为病重或垂死之人带来喜悦是非常重要的修持。我们心中都有喜悦的种子。病重或是濒临死亡时，都应该有朋友坐在我们身边，帮助我们和心中的喜悦种子相应，否则恐惧、懊悔或绝望将会轻而易举地淹没我们。

当给孤独长者的脸上露出笑容时，舍利弗知道他心中的苦受与乐受已经得到了平衡。他请给孤独长者继续观想下去。他说："老友，请跟着阿难和我一起观想。吸气时，我体认到这副身体并不是我；吐气时，我知道自己并不受制于这副身体。我的生命是无边无际的。我从未诞生过，我也永远不会死亡。"

濒临死亡时，你对自己身体是很难有所觉察的。你可能已经麻木没有感觉，但仍然会认为这副身体就是自己。你会认为身体的瓦解便是自我的瓦解，所以你感到惊怖。你怕自己化为乌有。然而身体的瓦解，并不影响垂死之人的真实本性。你必须向他说明他的生命是无限的。我们的身体就像云一样，也是示现出来的。当云不再是云的时候，它并没有消失。它不会化为乌有，它只是转化成了别的形态；它变成了雨。因此我们不该认同我们的身体。这副身体并不是我，我不受制于这副身体。我的生命是无限的。

我们比自己的感官还要宽广

我们应该顺着眼、耳、鼻、舌、身、意这五根进行这项修持："这双眼睛并不是我，我不受制于这双眼睛，我的生命是无限的；这副耳朵并不是我，我不受制于这副耳朵，我的生命是无垠的；这个鼻子并不是我，我不受制于这个鼻子，我的生命是无边无际的。"这项修持可以帮助我们不再认同自己的眼、耳、鼻、舌、身、意。若是深入地探索五蕴[6]和五种感官，我们将会发现我们并不是它们。我们比自己的感官要宽广得多。身体停止示现并不影响我们的本性。

接下来让我们再看一看，还有什么其他的东西，被我们当成了自己真实的身份。除了身体和五种感官之外，还有色、受、想、行、识这"五蕴"的活动。我们必须深观每一蕴，然后对自己说："这些东西都不是我。"感受、认知和概念都是生灭不已的，它们都不是我。分别意识则如同认知、感受和思维的形成，也只是一种示现罢了。条件具足时，这些东西就会示现出来；条件不足，这些东西就不存在了。无论存在或不存在，这些示现都不是我。

舍利弗导引给孤独长者借助五种感官和五蕴进行观想，于是给孤独长者终于体认到它们都不是他。接着舍利弗又导引他观想"四大"[7]。他对给孤独长者说："我的好友，让我们来进行'四大'的观想。我身上的'地大'（指身上的皮肉、筋骨和内脏等坚实的物质）并不是我。'火大'或是能保暖及消化食物的热能也不是我，我是不受火元素或热能所缚的。我体内的水元素也不是我，我里里外外都是水元素，但是我并不受制于水元素。我体内的风元素也不是我,因为我的生命是无边无际的。"舍利弗如此这般导引给孤独长者。

不受制于来去生灭的概念

接着给孤独长者被两位老友带领着，继续观想生命的依他起性。"我的老友，让我们来更深入地看一看。当条件具足时，我们的身体就会示现出来，所以它不是从任何一处来的。它瓦解之后，也不会去往任何一方。"事物若是示现出来，我们不能说它们就是存在的；事物若是停止示现，我们也不能说它们是不存在的。我们不受制于来去、存在与不存在、生灭、异同的概念。这项修持和教法等同于我们对云朵、火焰或向日葵的深观。

给孤独长者观照到这个阶段时，禁不住哭了起来。阿难感到相当惊讶。阿难比舍利弗要年轻许多，他无法察觉给孤独长者在那几分钟里的转化和解脱。他以为长者是在懊悔某件事，或者因观想不成而感到挫败，于是他问道："我的好友，你为什么哭，你在懊悔吗？"

给孤独长者说道："不是的，阿难尊者，我不是在懊悔。"

阿难接着问道:"是因为观想不成吗?"

给孤独长者答曰:"不是的,阿难尊者,观想其实很有效。"

阿难又问道:"那你为什么会哭?"

给孤独长者含泪答道:"阿难尊者,我哭是因为我太感动了。我为佛、法、僧已经服务了三十五年,却从未听闻过舍利弗今天教给我的殊圣法门。我实在太高兴了!我感到无比的自由!"

这时阿难告诉他说:"你可能不太清楚,其实这个方法是僧团尼众每日都要修持的。"

再忙碌,也要修持

给孤独长者面带微笑,以虚弱的语气说道:"亲爱的阿难尊者,请你回去告诉佛陀,虽然大部分的在家众都很忙碌,无法抽出时间来听闻和修习此法,不过我们之中有些人还是有余暇可以听闻和修习此法。请你代我恳求佛陀,让我们在家众也能修持这个法门。"

阿难尊者知道这是给孤独长者最后的请求,于是立即答应了他:"我一定会照你的话去做。我一回到祇园,立刻会把这件事告诉佛陀。"两位和尚离开后不久,给孤独长者便平静而无痛地过世了。

不要等到临终，当下就开始深观

这个故事被记载在某一次的开示记录里，后世称之为《给临终者的教示》。我建议每个人都应该研读这篇经文，然后依法修持。请不要等到临终时才去阅读和修持。请在当下就开始深观，这样我们才能和不生不灭、无来无去、不同不异的本质相应。能如此深观，便能止息心中的哀伤和痛苦。精进地修持此法，可以滋养心中无惧的因子，临终时才能快乐安详地离去。

快乐地活着，安详地离去，是可以做到的事，只要我们能明了，我们将会以其他的形态示现出自己。若是能发展出无惧的勇气和定力，我们就能帮助别人安详地往生。我们之中有许多人仍然害怕自己会不存在，因为有这份恐惧，所以饱受痛苦。基于这个理由，我们必须向死者说明，我们的生命只是一种示现；还有其他形态的示现。这样我们才不会被生灭的恐惧所影响。我们必须明了，生灭只是一种概念罢了，凭着这份重要的洞识，我们就可以脱离恐惧了。

我从《增一阿含经》[8]中的《给临终者的教示》里摘取了一些句子，编成了一首歌谣，它很适合为临终的人吟诵：

> 这副身体不是我，我不受制于这副身体。
> 我的生命是无边无际的，
> 我从未诞生，也永远不会死亡。

浩瀚的大海和无量的银河，
都是从根本识中变现出来的，
我从无始以来就是解脱的。
生与死本是我们出入的一扇门，
生与死只是一场捉迷藏的游戏。
请牵着我的手，面带微笑挥手告别，
明日，甚至之前，我们会再度相遇。
殊途同归，我们终有一天会在真正的源头相见。

第一句歌词还可以改成：这双眼睛……这副耳朵……这个鼻子……这个舌头……这颗心……这个形体……这些声音……（譬如，这双眼睛不是我，我不受制于这双眼睛……）

对临终者吟诵这首歌谣，可以促使他们不再认为自己有个不变的身份，也不再认为这个身份跟身心的任何一部分是相连的。一切由因缘和合的东西都会瓦解，我们真实的本性却不会消失。这种导引式的观想，能帮助我们跳脱我们就是这副身体，我们就是这些思维或情绪的概念。这些东西都不是我们，我们的生命是无限的。我们不受制于生，不受制于死，不受制于存在，也不受制于不存在。这才是生命的实相。

因此，生活不要太忙碌，请花点时间修持。让我们今天就开始学习快乐、祥和而喜悦地过日子。请学习深观的修持，明了生命不生不灭的本质，这样我们就能安详而无惧地往生了。

这是每个人都能做到的事。

能无惧生死，才能陪伴临终者

如果你能修持到无惧的程度，那么当你的友人或亲人临终时，你就能帮助他们。你必须知道什么事是自己须做的，什么事是不须做的。你应该有善用时间的智慧，不要浪费时间做一些无谓的事。你不需要太富有或过于追逐名望及权力，你真正需要的是自由、祥和、喜悦及充实感。你需要一些时间和精力与别人分享这些生命的品质。

我们的快乐并不是建立在金钱和名望之上，我们的安全感往往取决于是否能持续修持正念。若是能修持正念，得到佛、法、僧的照顾，我们自然会感到知足常乐。我们的眼睛会变得清明，我们会露出活泼的笑容，我们的脚步会稳健地踏在解脱道上，而我们的快乐也会影响到周遭的人。我们不会把时间浪费在肤浅的事物上，而会利用时间修行以改善生命的品质。这是我们能留给子孙最宝贵的一份礼物，也是我们能和朋友分享的最有价值的事。我们需要花些时间来闻、思、修佛陀的法教，如同给孤独长者在临终时依法而观一样。

皈依僧，把僧团视为家人、朋友和社群，可以帮助我们改变生活的方式。我们必须在当下活出祥和及喜悦，而不是等到未来。我们必须在此时此地生起幸福之感，在当下这一刻活出祥和及喜悦。没有任何道路可以通往快乐——快乐的本身即是道路。

每个人应该在早年就接触到舍利弗的开示。给孤独长者能够在最后一刻听到这则教诲，已经是很幸运了。万事皆无常，我们无法预料什么时候自己会剩下最后一口气。我们也许无法像给孤独长者那么幸运，临终时还有道友在身旁导引我们观想，所以不该等到一切都太迟的时候，才急着修持。我们应该在当下就学会此法，这样我们才有能力在临终时引渡自己。

我从未诞生过，我永远也不会死亡

1990年初，我正要前往纽约上州的欧米茄中心（Omega Institute）带领一次闭关活动。途中听说我们的一位老友已经住进纽约市的一家医院里，正濒临死亡边缘。他名叫艾尔弗列德·海斯勒（Alfred Hassler），曾经当过"和平联谊会"（Fellowship of Reconciliation）的会长。1966年至1967年之间，他和我一起在许多国家奔走，发起结束越战的和平运动。

后来我因为在西方世界公开谴责南北越违反人权的做法，所以不能再回到越南，艾尔弗列德曾代表我到越南进行协调工作。他帮助我们的朋友建立照顾难民和战俘的营区，我们共同认养了八千多个孤儿。1966年我应邀到美国访问演讲，主办单位就是"和平联谊会"。我在那次访问中曾公开呼吁停止越战。

真空比丘尼（Sister Chan Khong）和我抵达医院时，艾尔弗列德已经昏迷不醒了。他的妻子桃乐赛和女儿萝拉都陪在他身边。萝拉很小便加入我们在巴黎的"越南佛教和平代表团"（Vietnamese Buddhist Peace Delegation）的义工工作。

桃乐赛和萝拉看到我们，非常高兴。萝拉竭尽所能地想让艾尔弗列德恢复意识，她大声说道："爸爸，爸爸，一行禅师来了！真空比丘尼也来了。"但是艾尔弗列德并没有恢复意识，他仍然昏迷不醒。我请真空比丘尼对他唱诵："这副身体不是我，我不受制于这副身体。我的生命是无边无际的，我从未诞生过，也永远也不会死亡。"她接着唱了第二遍，然后又唱了第三遍。在唱第三遍的时候，艾尔弗列德突然张开了眼睛。

萝拉开心极了，她说道："爸爸，一行禅师在这里，你知道吗？真空比丘尼也在这里，你知道吗？"艾尔弗列德仍然无法说话，但仔细看他的眼神，我们可以感觉到，他其实很清楚我们正站在他前方。真空比丘尼开始和他谈起我们过去在越南推广和平运动的往事："艾尔弗列德，你还记不记得那次你到西贡去见柴广比丘（Monk Tri Quang）的事？当时美国政府已经决定在前一天轰炸河内，柴广比丘非常生气，他发誓不再和任何一个西方人晤谈，鸽派[9]和鹰派[10]都一样。"

要减轻痛苦，就要灌溉快乐的种子

"当时你抵达他的住所时，他拒绝为你开门。艾尔弗列德，你记不记得你坐在他门外,拿出一张纸条,然后在上面写道:'我是以朋友的身份来帮助你们结束这场战争的,所以我不是你们的敌人。从此刻起我将不吃不喝,直到你为我开门为止!'然后你把那张字条塞进了门缝,你还记得吗?你说:'我会一直坐在这里,等到你开门为止。'这件事你还记得吗?十五分钟过后,门开了,他笑容满面地请你进入屋内。艾尔弗列德,你在罗马的那段时间,有三百位天主教的修士彻夜不眠地进行反战示威。他们每个人身上都写着一位西贡比丘的名字,这些比丘因为拒绝被征召入伍而锒铛入狱?"真空比丘尼继续对他谈起我们过去在和平运动期间共同度过的快乐时光。她灌溉了艾尔弗列德快乐的种子,这个做法非常有效,跟舍利弗为给孤独长者所做的事完全一样。艾尔弗列德的快乐来自于他为和平运动所付出的努力,以及帮助别人脱离痛苦所付出的善意。当这些快乐的种子得到灌溉时,他心中的苦受与乐受便恢复了平衡,他的痛苦也因此而减轻了许多。

  我为他按摩双脚时心里想着,临终者对自己的身体可能已经丧失知觉,因为他的身体似乎完全麻痹了。这时萝拉问道:"爸爸,你知不知道一行禅师正在按摩你的脚。"他没有说话,但仔细看他的眼睛,我们很确定他知道我们在他身边。这时他突然开口说道:"好极了,好极了!"接着又昏迷不醒了。

  当天晚上我必须在欧米茄中心做一场闭关活动的演讲。我们向桃乐赛和萝拉告别,并嘱咐他们要像真空比丘尼和我所采取的方法一样，继续对艾尔弗列德说话和唱诵。第二天早上我接到桃乐赛传来的简讯，她说我们离开几小时后，艾尔弗列德已经平静地往生了。

以祥和的心境导引弥留的人

如果我们能以祥和的心境导引弥留的人，他们还是能听见我们的话语。十年前有位美国大学生住在波尔多，他听到母亲在家中即将去世的消息，难过地痛哭了好几回。他不知道当他返回加州时，母亲是否还活着。真空比丘尼要他立刻飞回加州，如果回到家时母亲还活着，他就应该用舍利弗的方法导引他的母亲。她建议他应该向母亲提及他们曾享有过的美好时光；他应该帮助她忆起早年的婚姻生活，以及她年轻时的快乐经历。他应该重提这些往事，因为这么做会带给她喜悦，即使她丧失了意识。

当他到达医院时，她已经不省人事了。虽然他并不全然相信一个昏迷不醒的人还能听见别人的话语，他还是照着真空比丘尼的方法去做了。医生告诉他，他的母亲已经昏迷了一个礼拜，医生们不再期待她还能恢复意识。可是他仍然怀着满心的爱在母亲耳边讲了一个半小时的话。讲完这些话之后，她突然醒了过来。

在临终者的床边，安住于自己的身心灵，你将会帮助这个人自在地往生。

几年前，真空比丘尼有一次到医院探望她的姐姐。姐姐接受肝脏移植手术两年后引起了并发症，痛苦不堪，所以住进了医院。真空比丘尼走进病房时，发现家里所有的人都放弃了希望。虽然她姐姐神志已经不清，但仍然不停地翻滚，痛苦地呻吟尖叫。她的孩子们，包括一个当医生的女儿，都束手无策。

真空比丘尼带了一卷梅村僧尼唱诵的观音圣号录音带。她把这卷录音带放在姐姐床边的录放机中，然后帮姐姐戴上耳机，把声音开到几乎是最高的音量。五六分钟之后，令人惊讶的事发生了。她的姐姐完全平静了下来，不再翻滚，也不再呻吟和尖叫。她一直平静了五天之后，安详地往生了。

快乐的种子，是医生无法触及的

这五天之中，真空比丘尼的姐姐不断听着观音菩萨的圣号。她以前便时常到佛寺中走动，所以对观音圣号已经耳熟能详。在病榻上再度听到这卷录音带，唤起了她以往最美好而快乐的回忆。她是一个有信仰、有宗教倾向的人，她听过许多佛法开示，也听过法师们诵持经典。这卷由僧尼唱诵的录音带，灌溉了她心中快乐的种子，而这些种子是医生无法触及的。其实真空比丘尼为姐姐所做的事，每个人都可以做到，只是没人想过可以用这个方法。

我们的意识就像一台有许多频道的电视机，只要在遥控器上按一个钮，我们选择的那一台就会出现画面。如果陪伴在临终者的身边，我们必须知道自己要选的是哪一台。跟临终者最亲近的人，对这一点往往是最清楚的。如果你正在陪伴某位濒临死亡的人，你应该善用一些声音和意象，来灌溉他们心中快乐的种子。每个人心中都有净土和涅槃、神的国度和天堂的种子。

我们若是懂得修持和洞察不生不灭的实相，并体认到来去只不过是一些概念，而能保持内心的稳定与祥和，我们就能帮助临终的人。我们可以帮助他们去除恐惧，减轻痛苦，安详地往生；我们也能帮助自己无惧地生活，安详地往生，并了悟到死亡是不存在的。我们会发现死亡或恐惧都不是实存的，存在的只有不断在延续中的无量化身。

译 注

[1] 初转法轮：佛教称阐说佛法为"转法轮"。初转法轮指的是释迦牟尼初次传道，在鹿野苑向憍陈如等五位弟子说"四圣谛"、"八正道"的事。

[2] 舍利弗（Venerable Shariputra）：释迦牟尼十大弟子之一，号称"智慧第一"。生而为婆罗门，在他的时代被人们视为有力的印度教发言人，在与佛陀辩论各自宗教的优点后便改信佛教。舍利弗走遍印度，带领许多人皈依佛教，是佛陀的明确继承人。今日被供奉为智慧之神。

[3] "结夏安居"：又称"夏安居"或"雨安居"，指出家众在农历夏季（四月十六日至七月十五）的三个月内结界安居，不得出界，以致力修行，名为"三月结夏，九旬安居"。其起因是在佛陀的时代，印度夏季的雨季长达三

个月之久,而在此期间,地上的虫蚁常出来觅食,僧众们沿路乞食不免踩伤地面上的虫类及草树的新芽,是故佛陀基于慈悲,遂制定了夏季三个月,出家众在界内精进用功的夏安居。

[4] 阿难尊者(Venerable Ananda,？—463B.C.):全名为"阿难陀",有欢喜、庆喜、无染之意。是提婆达多的亲弟弟,也是佛陀的堂弟,后来跟随佛陀出家。佛陀五十五岁时,选阿难为常随侍者,阿难随待侍佛陀达二十五年,为佛陀的十大弟子之一。因为他专注地服侍佛陀,对佛陀的一言一语谨记无误,因此又被称为"多闻第一"。佛灭后最初集结的经典,如《阿含经》、《譬喻经》、《法句经》等,都是由阿难尊者所诵出的。迦叶尊者在佛祖涅槃后成为"初祖",统领广大佛家弟子。迦叶圆寂后,阿难尊者继承迦叶率领徒众弘扬佛法,被后世尊为"二祖"。在寺院中,阿难与迦叶总是侍立在佛祖的两边,成为佛祖的胁侍。

[5] 三宝:佛教以佛陀为佛宝,佛的教法为法宝,出家团体为僧宝,此三者能令人止恶、行善、离苦、得乐,极为尊贵,故称为"三宝"。

[6] 五蕴:佛教用语。蕴为堆、积聚的意思。佛教称构成人或其他众生的五堆成分为"五蕴"。分别为色蕴、受蕴、想蕴、行蕴、识蕴。其中除色蕴之外,其余皆属精神层面。色指组成身体的物质,受指感觉,想指意象、概念,行指意志,识指认识分别作用。由于每一种蕴都是由许多分子积聚而成,故称为"蕴"。

[7] 四大:四大种的略称,又称四界。佛教之元素说,谓物质(色法)系由地、水、火、风等四大要素所构成。即:(一)本质为坚性,而有保持作用者,称为地大。(二)本质为湿性,而有摄集作用者,称为水大。(三)本质为暖性,而有成熟作用者,称为火大。(四)本质为动性,而有生长作用者,称为风大。文中所言,应是据《圆觉经》所载,四大,乃指由地、水、火、风四大和合而成之人身。即:(一)地大,地以坚碍为性,如人身中之发毛、爪齿、皮肉、筋骨等均属之。(二)水大,水以润湿为性,如人身中之唾涕、

脓血、津液、痰泪、大小便等均属之。（三）火大，火以燥热为性，如人身中之暖气属之。（四）风大，风以动转为性，如人身中之出入息及身动转属之。若此四大不调，则易致病。

[8]《增一阿含经》：北传佛教四阿含经典之一。东晋瞿昙僧伽提婆译，五十一卷。与南传《增支部》大体相应，共收四百七十四经，因经文按"法教"顺序从一法增至十法、十一法，相次编纂，故名。分五十二品，记述佛经与弟子们的事迹，说出家在家的戒行，论述四谛、十二因缘等基本教义。因有"六度"、"三乘"等字句，被认为是大众部传本，收于《大正藏》第二册。

[9] 鸽派：鸽为和平的象征，主张以和平方式解决纷争的一派。

[10] 鹰派：鹰为强猛的象征，主张以强硬手段解决纷争的一派。

责任编辑：王　昕
装帧设计：高　雪

图书在版编目（CIP）数据

你可以不怕死／（法）一行禅师著；胡因梦译；—深圳：
深圳报业集团出版社，2008.11
ISBN 978-7-80709-234-6

Ⅰ.你… Ⅱ.①一… ②胡… Ⅲ.佛教—人生哲学—通俗读物 Ⅳ.B948-49

中国版本图书馆 CIP 数据核字 (2008) 第 176199 号

你可以不怕死

（法）一行禅师　著

胡因梦　译

深圳报业集团出版社出版发行

（518009　深圳市深南大道 6008 号）

三河市华晨印务有限公司印制　新华书店经销

2008 年 12 月第 1 版　2008 年 12 月第 1 次印刷

开本：787mm×1092mm　1/16

印张：11.75　字数：100 千字

ISBN 978-7-80709-234-6　定价：28.00 元

深报版图书版权所有，侵权必究。

深报版图书凡是有印装质量问题，请随时向承印厂调换。

No Death, No Fear
Original English language edition © 2003
by Unified Buddhist Church
All rights reserved including the right of reproduction
in whole or in part in any form.
The edition published by arrangement with Riverhead Books,
a member of Penguin Group(USA) Inc.
Simple Chinese translation copyright © 2008 by Lipin Publishing Company
All Rights Reserved